Bernd-Dietrich Rassek

»Feuerswehren«

Das Entstehen der Freiwilligen Feuerwehren in Deutschland

Edition Köndgen

Edition Köndgen

In der Edition Köndgen erscheinen Bücher und Geschenkartikel über Wuppertal, Schwelm und das Bergische Land. Die vielfältigen Facetten dieser Region werden darin lebendig präsentiert.

www.edition-koendgen.de

Dank gebührt meiner Frau, die unzählige Stunden und Tage wegen dieser Publikation auf mich verzichtet hat.

Bibliographische Informationen der Deutschen Nationalbibliothek:
Die Deutsche Bibliothek verzeichnet diese Publikation in der Deutschen Nationalbibliographie; detaillierte Daten sind im Internet unter *www.dnb.de* abrufbar.

1. Auflage 2016
Deutsche Originalausgabe
Satz: Dipl.-Ing. Bernd-Dietrich Rassek
Stil: Corinna Becker, Wuppertal
Lektorat: Ute Wielandt, Baar-Ebenhausen
Druck: BoD GmbH, Norderstedt
Printed in Germany
ISBN 978-3-939843-76-4
www.edition-koendgen.de

Inhalt

Vorwort

Während eine Feuersbrunst im Mittelalter ursprünglich vor allem noch als Strafe Gottes für begangene Sünden angesehen wurde, setzte sich bald auch die Auffassung durch, dass die Sterblichen trotzdem nicht sorglos mit Feuer und brennbaren Stoffen umgehen durften.

Aufgrund der vielen von Menschenhand gemachten Kriege und Brandschatzungen war man gezwungen, dem Feuer Widerstand zu bieten, also „dem Feuer zu wehren". Dazu waren die Bürger in einer Stadt auch durch den Bürgereid, der u.a. auf die gegenseitige Hilfe in Notsituationen gerichtet war, verpflichtet. Um die Feuerverhütung und die Brandbekämpfung genauer zu regeln, wurden von den Behörden Feuerordnungen verfasst.

Danach mussten anfänglich alle Bürger zur Brandstelle kommen. Man erkannte aber, dass diese Strategie praktisch eine Behinderung für den jeweiligen Löscheinsatz darstellte. Daher verpflichtete man bald nur noch einen ganz bestimmten Teil der jeweiligen Zünfte aufgrund ihrer handwerklichen Fähigkeiten zur Brandbekämpfung.

Im Zeitalter der Aufklärung bildeten sich nicht nur viele Vereine mit der Zielsetzung, wohltätig zu wirken, sondern man begann, die Löschanstalten zu verbessern. Es gründeten sich freiwillige Einrichtungen zur Brandbekämpfung und/oder zur Rettung von Menschen.

Nachdem unter Napoleon jedoch die Zünfte aufgelöst worden waren, wurden nun neben der Fortführung alter Gewohnheiten auch besoldete und/oder verpflichtete Löschmannschaften zur Brandbekämpfung eingesetzt. Aus der liberalen Bürgerbewegung heraus bildeten sich aber erneut viele freiwillige Rettungsvereine und *„Pompier-Corps"* (Löschanstalten).

1846 gründete Christian Hengst in Durlach ein Pompier-Corps. Dieser Löscheinrichtung gelang infolge ihrer Ausbildung mit militärischen Methoden ein außergewöhnlicher Löscherfolg.

Daraufhin bildete sich in Karlsruhe eine vergleichbare Einrichtung, die kurz darauf in der Öffentlichkeit als „Feuerwehr" bezeichnet wurde. Aufgrund dieser Benennung vertreten einige Fachleute die fragwürdige Auffassung, dass Karlsruhe die früheste Freiwillige Feuerwehr sei.

Infolge des militärischen Ausbildungssystems sind aber einige Fachkreise der umstrittenen Ansicht, dass das Pompier-Corps in Durlach die erste richtige Freiwillige Feuerwehr sei und alle früheren Einrichtungen nur Vorläufer gewesen seien.

Da es jedoch bereits vor Durlach einige Freiwillige Löscheinrichtungen gab, vertreten andere Fachkreise die weite Auffassung, dass eine Freiwillige Feuerwehr eine Einrichtung aus Mannschaft und Gerät sei, die freiwillig entsprechend dem Wissen und den Möglichkeiten ihrer Zeit einem Brand Einhalt gebieten und somit Menschenleben schützen soll.

Diese Uneinigkeit bietet Anlass, im Folgenden das Entstehen der Freiwilligen Feuerwehren in Deutschland bis zu ihrer Auflösung mit dem Beginn des Zweiten Weltkrieges nach neueren Forschungen sachgerecht darzustellen und durch eine kritische Begriffsdefinition der Freiwilligen Feuerwehr zu ergänzen.

Der Begriff Deutschland

Der Anfang der Geschichte Deutschlands ist nicht zweifelsfrei bestimmt (Kelten, Germanen etc.). Im Allgemeinen wird er mit der Entstehung eines Königtums im Ostfrankenreich[1], dem Vorläufer des Heiligen Römischen Reiches Deutscher Nation[2], anlässlich von Erbstreitigkeiten nach dem Tode von Karl dem Großen mit dem Jahr 840 verbunden.

Das Adjektiv deutsch tauchte in der lateinischen Form *„theodisca"* erstmals 788 in einem Gerichtsverfahren als Bezeichnung für die Sprache der Germanen auf. Erst seit dem 11. Jahrhundert wurde der Begriff auch anders verwendet.

Der heutige Name Deutschland wird seit dem Spätmittelalter[3] als Bezeichnung für verschiedene staatliche Gebilde[4] verwendet, die im Wesentlichen in den Bereichen des deutschen Sprach- und/oder Herrschaftsgebietes entstanden waren.

Dabei hat sich der Gebietsumfang Deutschlands insbesondere in den letzten 200 Jahren ständig verändert[5], so dass er jeweils nur einzelnen Epochen zugeordnet werden kann.

Da Deutschland erst nach Beendigung der alliierten Besatzung seit dem Ende des 2. Weltkrieges und im Rahmen der Wiedervereinigung 1990 wieder staatliche Souveränität mit nunmehr eindeutigen Grenzen erhielt, werden im Folgenden daher die Bereiche der deutschen Sprach- und/oder Herrschaftsgebiete in Europa betrachtet.

---

[1] Bertelsmann Chronik: Die Chronik der Deutschen, Gütersloh 2012; Im Zuge von Erbauseinandersetzungen des Reichs von Karl dem Großen (768 – 814) entstand das Ostfrankenreich unter Ludwig, König der Germanen. Später wurde er Ludwig der Deutsche genannt.

[2] Bertelsmann Chronik; 962 wurde mit der Kaiserkrönung von Otto I. das Heilige Römische Reich gegründet, welches erst später mit dem Zusatz Deutscher Nation versehen wurde.

[3] Als Spätmittelalter wird allgemein die Zeit von 1250 – 1500 bezeichnet.

[4] Heiliges Römisches Reich (Deutscher Nation), Rheinbund, Deutscher Bund, Norddeutscher Bund, Deutsches Reich (Kaiserzeit, Weimarer Republik, Nationalsozialismus), Alliierte Besatzung (BRD + DDR), BRD

[5] Z.B.: Deutscher Bund 1815 unter Einbeziehung des Kaiserreiches Österreich, Großdeutsches Reich 1943 etc

Die Entstehung von Städten

Nach dem Rückzug der Römer (406) waren deren Standorte verlassen und verfielen mehr oder weniger. Jahrhunderte später[6] waren die Menschen in Deutschland überwiegend Bauern, die größtenteils den Adeligen lehnspflichtig waren.

Vorwiegend infolge des Bevölkerungswachstums[7] entstanden ab 1100 neben Reaktivierungen römischer Ansiedlungen viele neue Städte. Diese lagen meist an Flussmündungen, die als Handelsplätze dienten, Kreuzungen von Handelsstraßen, Bischofssitzen, Klöstern oder in der Nähe einer Burg.[8]

Einen Rückschlag für die Entwicklung Deutschlands stellte der „Schwarze Tod" dar, eine Pestepidemie, die um 1350 ein Drittel der Bevölkerung in ganz Europa vernichtete.

Ansonsten konnten der Kaiser und auch der Landesherr im Mittelalter einfach eine (größere) Siedlung zu einer Stadt erheben (Reichsstädte und freie Städte). Dieses Stadtrecht enthielt eine Anzahl von Freiheiten und Privilegien (u.a. das Recht zur Einfriedigung und Verteidigung), die später fast zu einer Art Autonomie der Städte führten.[9]

Die größeren Städte wurden dabei schon frühzeitig – auch zur Verteilung von Kriegs- und/oder Steuerlasten – in vier etwa gleich große Stadtviertel (Quartiere) eingeteilt[10], die teilweise nach Zünften (Handwerkern) oder ihren Bewohnern (z. B. Judenviertel) benannt wurden.

---

[6] Das Lehnswesen kam ab dem 8. Jahrhundert auf; Bibliographisches Institut & Brockhaus AG, 2007

[7] Zwischen 1214 und 1296 fand in Westeuropa kein größerer Krieg statt.

[8] www.deutschland-im-mittelalter.de; Die Stadtentwicklung im Mittelalter + Fuhrmann, Bernd: Die Stadt im Mittelalter, Stuttgart 2006

[9] Heinig, Paul Joachim: Reichsstädte, Freie Städte und Königtum, Wiesbaden 1983

[10] Schema des römischen Castrums zur militärischen oder administrativen Gliederung einer Stadt; Eintheilung der Oberbürgermeisterei Crefeld in Feuer-Reviere, Bekanntmachung vom 28.11.1875

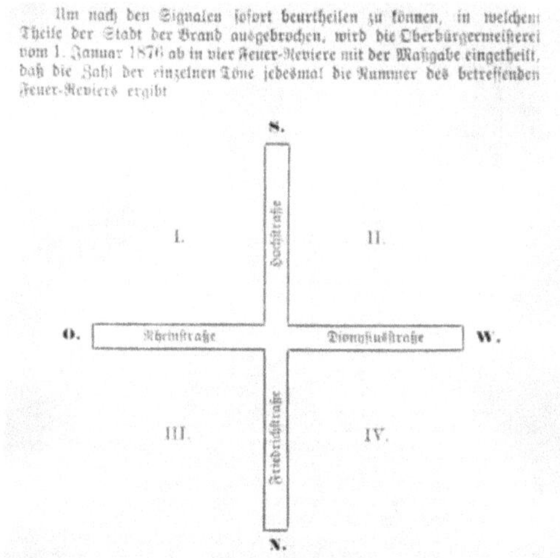
Um nach den Signalen sofort beurtheilen zu können, in welchem Theile der Stadt der Brand ausgebrochen, wird die Oberbürgermeisterei vom 1. Januar 1876 ab in vier Feuer-Reviere mit der Maßgabe eingetheilt, daß die Zahl der einzelnen Töne jedesmal die Nummer des betreffenden Feuer-Reviers ergibt

Abb. 1: Einteilung der Oberbürgermeisterei Krefeld in Feuer-Reviere, 1876

Die Gesellschaft in diesen Städten selbst gliederte sich in verschiedene Gruppen, die sogenannten Stände. Jedem Stand, dem Klerus, dem Adel und den Bürgern (siehe Gilden und Hanse), waren bestimmte Aufgaben zugewiesen und so bestimmte das ständische System, das als feste, von Gott gegebene Ordnung galt, das Geschehen einer Stadt. Niemand konnte im Mittelalter ein Handwerk oder ein Geschäft betreiben, ohne Mitglied einer Zunft oder Gilde zu sein.

Da die Stadtmauern den verfügbaren Platz begrenzten, führte ein Wachstum der Stadtbevölkerung zwangsläufig zu einer Verdichtung der Bebauung. Dabei erhöhte sich die Bebauungsdichte aber nicht gleichmäßig. Einflussreiche und wohlhabende Stadtbewohner, wie Kaufleute, Kleriker und Adelige, konnten sich große, zentral gelegene Grundstücke sichern. Daher ging das Wachstum einseitig zu Lasten der Handwerksviertel, wo sich in schmalen Gassen die Häuser und Häuschen immer dichter aneinander drängten.

Die Mauern einer Stadt dienten zum Schutz der Bürger und zur Einnahme von Zoll für Waren und Tiere. Abends oder bei Gefahr wurden die Stadttore geschlossen und wer nicht rechtzeitig passierte, musste außerhalb der Stadt übernachten.

Große Feuergefahr in den Städten

Brände konnten in den Städten aus verschiedensten Ursachen entstehen: durch Mordbrenner (aus Rachsucht, Neid, wegen Diebstahls oder Plünderung)[11], Blitze[12], Unvorsichtigkeit oder Nachlässigkeit beim Umgang mit Feuer[13] oder im Rahmen von Kriegshandlungen durch Brandwaffen aller Art.

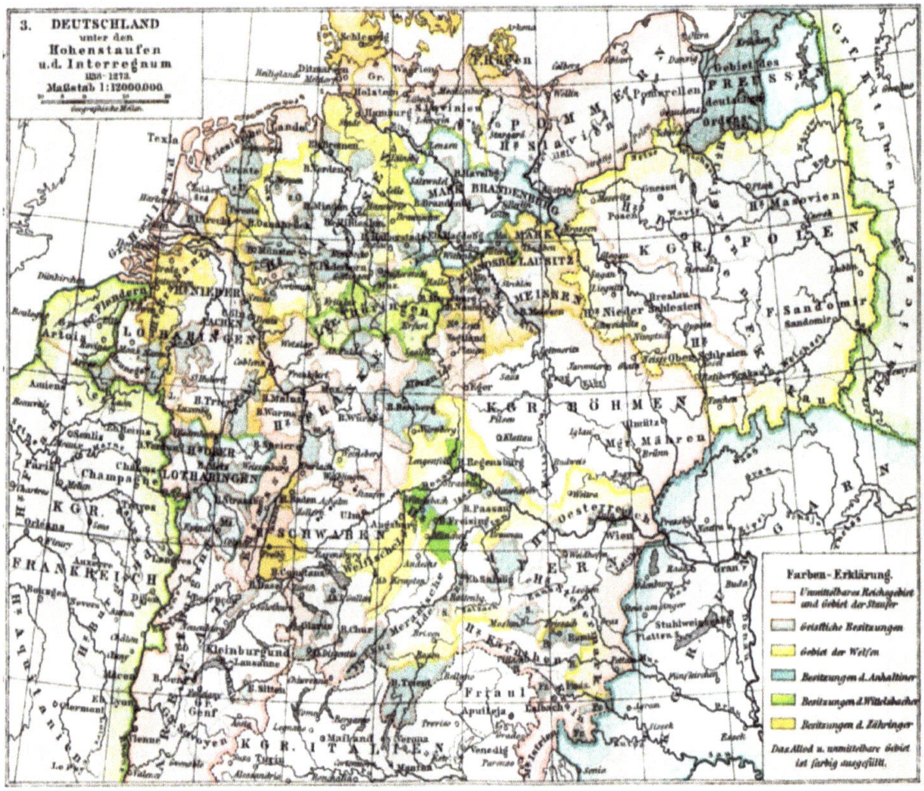

Abb. 2: Deutschlandkarte 1138 – 1273; man beachte, wo Preußen, das *„Gebiet des deutschen Ordens"* liegt.

---

[11] Kirchschlager, Michael: Preußische Kriminalchronik, Arnstadt 2008; Johann Peter Horts und seine Geliebte Luise Delitz wurden beschuldigt, um 1810 in 45 Städten und Dörfern Brand gelegt zu haben. Sie wurden 1813 auf dem Scheiterhaufen verbrannt.

[12] Effenberger, Gustav: Die Welt in Flammen, Hannover 1913; 1865 schaffte es ein einziges Gewitter in Bayern über 100 Kirchtürme zu treffen, dabei wurden viele Kirchtürme und Kirchen vernichtet.

[13] Siehe auch FO Brandenburg 1660

Denn nur einige Siedlungen und Städte konnten sich vor der Brandschatzung, also der Androhung des Niederbrennens im Zusammenhang mit Kriegsereignissen, durch Zahlung von Geldbeträgen oder Lieferung von Naturalien retten. Für die Brandschatzung zuständig war übrigens ein Brandmeister[14], ein Offizier im Landsknechtheer.

Die für die damalige Zeit unerklärlichen Brandentstehungen durch Blitze, Selbstentzündung von Heu o.ä. wurden, wie alle anderen Brände, durch den Klerus zu Strafen Gottes für das *„unordentliche böse leben der Menschen, vornemlich durch das obermässige Vollsaufen, schelten, fluchen, Gotteslestern und Unzucht"*[15] oder auch als des *„Teuffels Werckzeug"*[16] erklärt.

Daher hatte man *„zuförderst dem gütigen Gott und Himmlischen Vater für ... milderung seines gerechten Zorns nicht allein von grund ihrer Hertzen lob und danck [zu] sagen, sondern auch durch wahre rechtschaffende Buß und ernste besserung des sündlichen lebens ... und umb fernere väterliche abwendung des Feuers und anderer gefahr ... demütig [zu] bitten."*[17]

Unabhängig davon, was im Einzelfall genaue Ursache einer Brandentstehung war, bedeutete bereits die germanisch-deutsche Bauart von Häusern im Mittelalter eine erhebliche Feuergefahr. Sie basierte auf Holz und Lehm; die Dächer bestanden aus Stroh oder Holzschindeln. Häuser aus Natur- oder Ziegelsteinen waren selten.

Auch die Lagerung von Brennmaterialien in den Wohnhäusern, die zum Heizen und Kochen benötigt wurden, wie Reisig, Holz oder Kohle, sowie diejenige von Tiernahrung wie Heu und Stroh in den angrenzenden Anbauten verringerte keineswegs die Brandgefahr.

---

[14] Campe, Joachim Heinrich: Wörterbuch der Deutschen Sprache, Erster Theil, Braunschweig 1807

[15] FO Breslau [Schlesien] (Polen) 1578; siehe auch Allemeyer, Marie Luisa: Feuernoth und Flammenschwert, Göttingen 2007

[16] FO Annaberg (Sachsen) 1608 und 1682

[17] FO Erfurt (Thüringen) 1617; siehe auch FO Halle (Sachsen-Anhalt) 1658, FO Nordhausen (Thüringen) 1689 sowie die *„Baruthische Brand-Warnungs Predigt"* vom 31.05.1678

Aber auch die meisten Gegenstände, die die Menschen zum täglichen Leben gebrauchten oder benutzten, wie Kleidung, Lederwaren, Möbel, Betten, Essgeschirre usw. waren mehr oder weniger leicht brennbar.

Die Herdstellen befanden sich mitten im Haus und der z.B. beim Kochen entstehende Rauch zog einfach über Öffnungen im Dach ab. Die Gefährlichkeit dieser Feuerstätten führte dazu, dass in vielen Städten abends die Feuerstellen ausgemacht und abgedeckt werden mussten.[18] Später baute man dann zwar Schornsteine aus massiven Baustoffen, aber anfänglich ebenfalls nur aus Holzfachwerk und Lehm.

Neben der Bedeutung des Feuers für den alltäglichen Gebrauch konnten insbesondere verschiedene Erwerbszweige, wie beispielsweise das Schmieden, Backen oder auch Trocknen von Lebensmitteln (Getreide, Malz und Hopfen)[19], ohne offene Feuer nicht auskommen.

Darüber hinaus verursachten vor allem auch die fehlenden brandschutztechnischen Trennungen der einzelnen Bauten (giebelständige Gebäude, wie z.B. in Münster oder Tübingen an den Marktplätzen und/oder überhaupt keine Brandmauern), und die geringen Abstände der gegenüberliegenden Häuser in engen Gassen (Erker und Vorbauten), eine große Gefahr von Feuersbrünsten[20] und deren Übergreifen (Flugfeuer) – insbesondere bei starkem Wind – in den mittelalterlichen Städten.

Diesbezüglich etwas besser standen die Bauernhöfe des Mittelalters da. Diese waren entweder einzelne Gebäude oder Gehöfte, also eine Ansammlung von einzelnen Gebäuden, jedoch in Gestalt von Streusiedlungen. Daher brannten – außer bei Brandstiftungen – meistens nur einzelnen Gebäude ab.

---

[18] Fränkisches Reich im 9. Jahrhundert *„couvre feu"*, nach Prager, Hans Georg: florian 14: achter alarm! Das Buch der Feuerwehr, Erfurt 2001, S. 47; siehe auch Magirus, Conrad Dietrich: Das Feuerlöschwesen in allen seinen Theilen, Ulm 1877, S. 23 und Wagner, Richard: Meistersinger von Nürnberg *„Verwahret das Feuer und Licht, damit niemand kein Schaden geschieht"*, 1868

[19] Die Trocknung von Lebensmitteln durch Hitze wird als „Darren" bezeichnet.

[20] Brände wurden früher überwiegend als *Feuersbrünste* bezeichnet, teilweise auch als *„unordentliches Feuer"*, wie z.B. Feuerlöschordnung [FO] Breslau 1602, FO Lüneburg 1669,als *„würckliches Feuer"*, FO Stargard 1719 oder auch als *„gefährlich Feuer"*, FO Dresden 1765

Die Entstehung der ersten Feuerordnungen

Weil in Notsituationen nicht nur die direkten Nachbarn, sondern auch alle anderen Bürger in einer Stadt durch den Bürgereid[21] zur gegenseitigen Hilfe verpflichtet waren, hatte der Rat einer Stadt als *„die Obrigkeit ... gute und heilsame Ordnungen zu verfassen und anzustellen, die hiebevor verfassete und angestellete nach gelegenheit der Zeit zu[ ] verbessern und in guter stetwerender observantz zu[ ]erhalte[n] sich befleissige und hiedurch die Bürger und Unterthanen zu gesambtem Widerstand gleichsam anschreye und ausrüste.“*[22]

Eine solche Ordnung der „Obrigkeit“ zum Zwecke der Feuerverhütung und Brandbekämpfung bezeichnete man dann als Feuerordnung.

Ab wann von der Existenz einer solchen Feuerordnung auszugehen ist, richtet sich danach, ob man sie bereits bei vereinzelten Feuerbestimmungen oder erst bei einer umfassenderen Feuerordnung für gegeben ansieht. Die Grenzen dazwischen sind jedoch meist fließend, eine genaue Einordnung ist von daher nicht immer zweifelsfrei möglich.

Eine Art Vorläufer einer Feuerordnung dürfte in der Verordnung von Herzog Leopold VI. im Jahr 1221 in Wien zu sehen sein. Danach wurde jeder mit einer Geldstrafe belegt, bei dem Feuer ausbrach; es sei denn, das Haus brannte vollständig ab. Dies galt dann als Schaden genug für den Betroffenen.

Einzelne Feuervorschriften enthielt z.B. bereits der Sachsenspiegel von 1235, eines der ältesten Rechtsbücher des deutschen Mittelalters, mit dem Hinweis auf Feuermauern und die Gefährdung des Nachbarn durch Funkenflug.[23] Nach dem Stadtrecht von Mühlhausen in Thüringen um 1270, welches viele mitteldeutsche Gebiete beeinflusste, musste jedes Gebäude innerhalb der Stadtmauern mit Dachziegeln eingedeckt werden. Hierbei übernahm die Stadt ein Drittel der Kosten.

---

[21] Eid zur Übernahme der *Bürgerpflichten, wie Wachdienst und dem Ruf der Sturmglocke zum Widerstand zu folgen*

[22] FO Erfurt 1617; siehe auch FO Freiberg (Sachsen) 1604 und 1616

[23] Wolf, Thomas: Die Anfänge des Brandschutzes, Fulda 1993; FO Sachsen 1235

Von Löschmaßnahmen oder dahingehenden Vorbereitungen ist bis dahin noch keine Rede. Offensichtlich ging es vor allem darum, mit den ersten Hinweisen und Verordnungen den Ausbruch eines Feuers zu verhindern, also um Brandprävention.

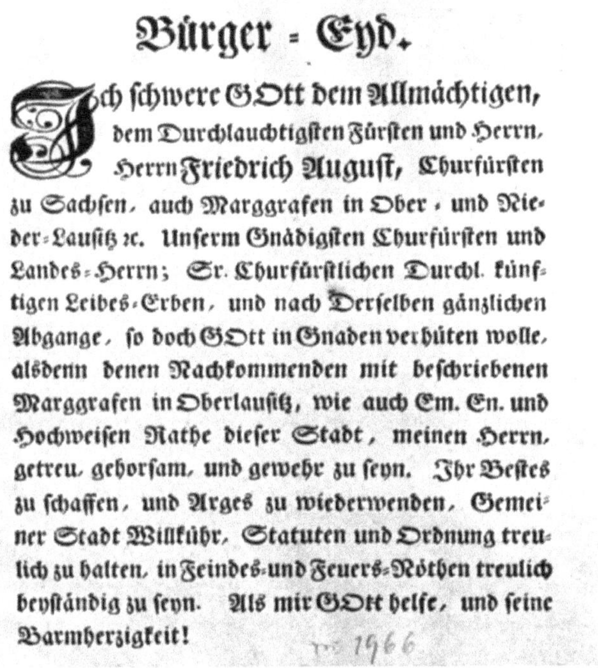

Bürger = Eyd.

Ich schwere GOtt dem Allmächtigen, dem Durchlauchtigsten Fürsten und Herrn, Herrn Friedrich August, Churfürsten zu Sachsen, auch Marggrafen in Ober- und Nieder-Lausitz &c. Unserm Gnädigsten Churfürsten und Landes-Herrn; Sr. Churfürstlichen Durchl. künftigen Leibes-Erben, und nach Derselben gänzlichen Abgange, so doch GOtt in Gnaden verhüten wolle, alsdenn denen Nachkommenden mit beschriebenen Marggrafen in Oberlausitz, wie auch Ew. En. und Hochweisen Rathe dieser Stadt, meinen Herrn, getreu, gehorsam, und gewehr zu seyn. Ihr Bestes zu schaffen, und Arges zu wiederwenden, Gemeiner Stadt Willkühr, Statuten und Ordnung treulich zu halten, in Feindes- und Feuers-Nöthen treulich beyständig zu seyn. Als mir GOtt helfe, und seine Barmherzigkeit!

Abb. 3: Bürgereid Zittau 1741

Vereinzelt gab es jedoch schon Vorschriften, die die Bürger oder einzelne Berufsgruppen zur Hilfe bei Löscharbeiten verpflichteten. In Würzburg mussten Weinträger ab etwa 1250 im Falle, dass es bei dem Domstift brannte, Löschwasser herbeitragen. 1276 wurde in Augsburg den Wein- und Wasserträgern Steuerfreiheit zugesichert, wenn sie im Brandfall ohne Entgelt Löschwasser zur Brandstelle tragen würden; zur gleichen Zeit wurde in Lübeck eine „feste Bauweise" eingeführt.[24]

[24] Effenberg, Gustav: Die Welt in Flammen, Hannover 1913, S. 798; Meyer, Johannes: Die Entwicklung des Feuerlöschwesens im alten Lübeck, Lübeck 1924, Nachdruck (Provinzial) 1993.

In Passau wurde ab 1299 Brandstiftung durch Ächtung des Missetäters, also durch Ausstoß aus der Gemeinschaft, bestraft.

Aus demselben Jahr stammt die in Augsburg (Bayern) verfasste, vermutlich älteste umfassendere Feuerordnung Deutschlands.[25] In ihr war bereits speziell die Hilfspflicht bei Feuersbrünsten aufgeführt.

Weitere Feuervorschriften und/oder -ordnungen folgten bald in Straßburg 1300, Regensburg 1304, Esslingen 1331, Göttingen 1334, Liegnitz 1340, Zwickau 1348, Prag 1350, Meran 1350, Erfurt 1351, Kempten 1358, Köln 1360, München 1365, Frankfurt am Main 1375, Brixen 1380, Konstanz 1381 u.v.m.[26]

Beispielhaft für viele spätere Feuerlöschordnungen besonders hervorzuheben ist zum einen die Zwickauer von 1348. Sie bestimmte, dass die Bewohner des Kirchspiels[27], in welchem ein Brand ausbrach, zu ihrem Hauptmann laufen und geeignete Geräte zur Wasserbeschaffung und auch zum Niederreißen von Gebäuden wie Wasserbehälter, Äxte, Feuerhaken usw. mitbringen und *„helfen getrulich leschen"* sollten.

Den Anordnungen des Hauptmannes war unbedingt zu gehorchen *„bi sogetaner bus"*. Niemand sollte zum Feuer laufen, der nicht helfen wollte. Man wollte also im Weg stehende Schaulustige vermeiden – ein Problem, das teils heute noch bei Feuerwehreinsätzen besteht.

Die Hauptleute der von dem Feuer nicht betroffenen Kirchspiele hatten mit so vielen Leuten, wie sie für nötig hielten, die Stadttore zu besetzen. Damit sollten nicht nur Plünderungen verhindert, sondern auch die Einwohner gezwungen werden, sich an den Löscharbeiten zu beteiligen.

---

[25] Die oft aufgeführten Feuerlöschordnungen Meran 1086 und Enns 1222 sind nicht nachgewiesen.

[26] Wolter, Friedhelm: Die Freiwilligen Feuerwehren in Österreich und Deutschland, Wiesbaden 2011; siehe auch Sammlung Feuerlöschordnungen [FO]

[27] Kirchspiel = Pfarrbezirk

Musste ein Gebäude zwecks Brandbekämpfung bzw. u. a. zur Verhinderung seiner Ausbreitung tatsächlich niedergerissen werden, erhielt dessen Besitzer auf Kosten der vom Feuer verschont gebliebenen Bürger Ersatz „ ... *dann ihr besser etliche Heusser ab gebrochen, die mit gemeiner Steuer wohl wiedererbauen werden mögen, dann das stehdt und flecken verbrennen und verderben.*“[28]

Zum anderen ist besonders erwähnenswert die Feuervorschrift aus Kempten (Bayern), die schon im Jahr 1358 die sogenannte „*Feuerbeschau*“ oder auch Brandverhütungsschau zur Feststellung brandgefährlicher Zustände einführte. „*Wir setzen och, das ain ieglich rat sol zwiro im iar umbegan und das fiur und die fürstette[n] sol besehen.*“[29]

Im Mittelalter und der frühen Neuzeit waren die Feuerordnungen Teil der Stadtordnung, Brandschutzvorschriften betrafen jeden Bürger. Erst deutlich später, im Zuge der Verstaatlichung und Zentralisierung öffentlicher Ausgaben im Zeitalter des Absolutismus, änderte sich das. Seit Ludwig XIV. († 1715), dem sog. Sonnenkönig, fingen die Landesfürsten an, sich mit der Polizei zu beschäftigen.

Die Feuerlöschordnungen waren daher nunmehr oft in Feuerpolizei-Ordnungen[30] enthalten, da die Gendarmerie u.a. für die Erhaltung der öffentlichen Sicherheit zuständig war.

„*Der Inbegriff aller Vorschriften der Polizei in Hinsicht der Verwirklichung ihrer Anstalten bei Feuersgefahren heißt die Feuerordnung. Sie muß ins Einzelne gehen, und alles enthalten, was und wie es geleistet werden soll: so wie sie deutlich und bestimmt geschrieben, allen Bürgern bekannt, und mit Strenge gehandhabt werden muß.*“[31]

In diesen Feuerordnungen gab es neben Vorschriften zur Brandbekämpfung auch solche zur Prävention, die jetzt aber von der Polizei überwacht wurden.

---

28 FO Graftum Hessen 1559, FO Danzig 1626, FO Fürstentum Coburg 1664, FO Fürstentum Böhmen 1818 usw.

29 Strumpf, Günter: Brandwacht 6/57, Archiv Referat 11 vfdb, Akten Strumpf Berlin

30 Nach 1794 wurden diese in Preußen als Feuerpolizei-Verordnungen bezeichnet

31 Pölitz, Karl Heinrich Ludwig: Volkswirthschaft, Leipzig 1823

So schrieb die Feuerordnung von Nordhausen (Thüringen) 1689 folgende Brandschutzmaßnahmen vor:

„1. in füglicher Anrichtung der Gebäude,
2. in fleissiger Wahrnehmung derer materialien so sich leicht anzünden und
3. wie das Feuer selbst in genaue Bewahr – Achthaltung zu nehmen.“ [32]

Beginn der aktiven Gegenwehr zu Feuersbrünsten

Da die praktische Gegenwehr gegen Feuersbrünste ja im Wesentlichen auf den Feuerordnungen beruhte, entwickelte sie sich gleichlaufend mit diesen Regelungen. Enthielten also die Feuerordnungen zu Anfang vornehmlich Regelungen, die darauf gerichtet waren, den Ausbruch eines Feuers zu verhindern (s.o. z.B. Sachsenspiegel von 1235), erschöpften sich auch die praktischen Maßnahmen der Gegenwehr zunächst vielfach in der Brandverhütung.

Zur frühzeitigen Branderkennung wurden außerdem fast auf jedem Kirch- oder Rathausturm Turmwächter eingesetzt, die bei Tag in Richtung des Brandes eine rote Fahne und bei Nacht eine rote Laterne auszuhängen hatten. Aber auch der Wachtdienst der Stadtbevölkerung hatte in den Städten auf Rauch und Feuer zu achten. Da sich der Wacht- mit dem Feuerschutzdienst überschnitt, wurden sie aber oft auch zusammengelegt.

Über diese Maßnahmen der Brandprävention hinaus entwickelte sich die Gegenwehr jedoch auch in Richtung einer aktiven Brandbekämpfung. So setzte man zum Beispiel üblicherweise Geldprämien für die ersten Spritzen[33], für den ersten Eimer mit Wasser und für den ersten Wasserbehälter an der Brandstelle aus, um die Bevölkerung für eine Brandbekampfung zu motivieren.

---

[32] FO Nordhausen (Thüringen) 1689

[33] Hand- oder Stockspritzen, s. Abb. 8 oder – soweit es sie schon gab – Feuerspritzen, s. Abb. 11

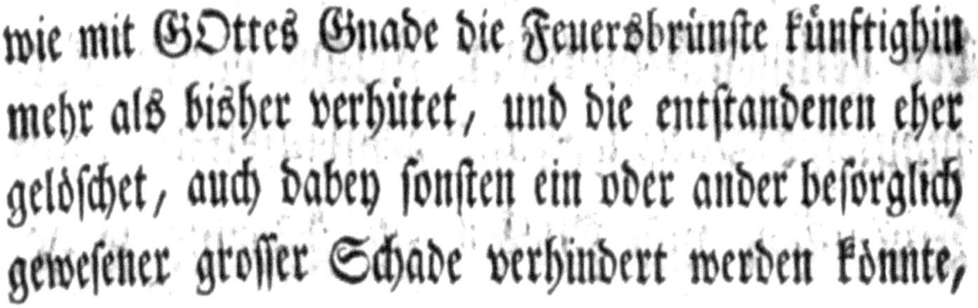

wie mit GOttes Gnade die Feuersbrünste künftighin
mehr als bisher verhütet, und die entstandenen eher
gelöschet, auch dabey sonsten ein oder ander besörglich
gewesener grosser Schade verhindert werden könnte,

Abb. 4: Begründung zu einer Feuerordnung: „*Wie mit Gottes Gnade die Feuersbrünste künftighin mehr als bisher verhütet, und die entstandenen eher gelöschet, auch dabey sonsten ein oder anderer besorglich gewesener grosser Schade verhindert werden könnte*„, 1777

Der Rat der Stadt Köln hatte sogar bereits mit der Feuerordnung von 1360 die eigentliche Brandbekämpfung auf 13 Zimmerleute und Steinmetze, 13 Schmiede und 13 Dachdecker übertragen und somit vermutlich die erste Feuerwehr gebildet.

Jede dieser drei Rotten wählte einen Meister aus ihren Reihen. Mit ihrer jeweiligen Ausrüstung[34] mussten sie zum Brand kommen und erhielten von der Stadt als Entschädigung für ihren Dienst jährlich zu Lichtmess einen Rock.

Wer von ihnen hingegen nicht zum Brand kam, obwohl er in Köln anwesend und gesund war, musste seinem Meister als Strafe 6 Schilling zahlen. Wiederholte sich dieser Vorfall, wurde er sogar für ein Jahr aus der Stadt Köln verbannt.

Mit dieser Verpflichtung bestimmter Personen zum Löscheinsatz war Köln den meisten anderen deutschen Städten voraus. Auch in anderen Städten waren bestimmte Berufsgruppen, vorzugsweise Handwerker, zum Löscheinsatz verpflichtet, jedoch waren die Vorschriften selten so detailliert wie in Köln.

Trotz dieser bereits recht fortschrittlichen Gegenwehr verhinderten vielerorts nicht nur viele Kriege, sondern auch Aberglaube und Hochmut noch in der Frühzeit vielfach Maßnahmen zur Brandbekämpfung.

---

[34] Köln hatte zu der Zeit etwa 30.000 Einwohner und war eine der größten Städte nördlich der Alpen. Die Ausrüstung bestand aus 4 Kesselhüten [Helme], 4 Feuerhaken, 11 Brandleitern und 20 Ledereimern.

So verordnete der Herzog von Sachsen noch im Jahr 1742, dass bestimmte Holzteller vorzuhalten seien, die nach einem besonderen Ritual als Göttergaben ins Feuer geworfen werden sollten, um dieses zu löschen. Und im Fürstentum Weimar drohte man 1760 den Einwohnern, dass sich *„niemand bey Strafe der Kirchen-Buße des abergläubischen Feuerversprechens unterfangen“* solle.[35]

Es wurde jedoch ohnehin bereits verhältnismäßig früh die Anschauung vertreten, dass *„aller menschlicher vleiß vorgeblich und umsonst angewandt, wo Got nicht selber der Schutzherr ... sey. So ist doch dasselbige dahin nicht zuuornehmen, dass darumb [ ] jederman sorglos sein ... und soviel menschlich und möglich zu [ ] vorhütten [ ] helffen"*[36] musste.

Obwohl also das Feuer noch immer als öffentlich zu verbüßende Strafe Gottes und alle menschlichen Bemühungen gegen das Feuer ohne den Schutzwillen Gottes als zum Scheitern verurteilt angesehen wurden, durften die Einwohner dennoch nicht sorglos mit Feuer umgehen.

Hausbesitzer, bei denen ein Schadenfeuer ausbrach und der Verdacht auf grobe Nachlässigkeit im Umgang mit Feuer oder Brandstiftung bestand, wurden aus der Stadt gewiesen oder mit schweren Geldbußen belegt.

Diese Vorgehensweise veranlasste aber fast jeden bei einem Brandausbruch zur Flucht, ohne Feueralarm zu geben. Um dies zu verhindern, nahm man von der generellen Strafe Abstand und gewährte den Hausbesitzern bei früher Alarmierung (*„Feuergeschrei“*), Straffreiheit.[37]

Hausbesitzer dagegen, die im Brandfall nicht ihre Nachbarn alarmierten und ihre Haustür nicht öffneten, wurden in verschiedenster Weise hart bestraft.

---

[35] Frank, Paul Arthur: Das Deutsche Feuerwehrbuch, Dresden 1929; FO Fürstentum Weimar 1760; man versuchte mit Beschwörungsformeln und teilweise auch Bibelsprüchen (4. Buch Moses, Kapitel 9, Vers 2) das Feuer zu segnen und zu „besprechen“, um es so zu löschen

[36] FO Freiberg (Sachsen) 1556; siehe auch FO Leipzig (Sachsen) 1544, FO Coburg (Bayern) 1618, FO Zittau (Sachsen) 1697

[37] FO Radstadt (Österreich) 1426 u.v.a.

So hieß es diesbezüglich z.B. in den Passauer Stadtrechten aus dem Jahr 1299: *„Datz: suem ein fiwer zu chumt, beschriet er daz biht, er noh sin anwalt, und wirft ditrnihtuf und versweigettiz, der sol dem Rihtaler ein phunt“*[38]

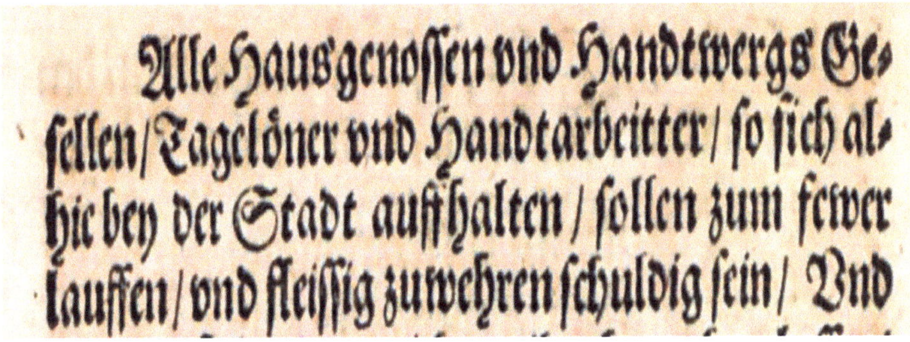
Alle Hausgenoſſen vnd Handtwergs Ge-
ſellen/Tagelöner vnd Handtarbeitter/ ſo ſich al-
hie bey der Stadt auffhalten/ ſollen zum fewer
lauffen/ vnd fleiſſig zuwehren ſchuldig ſein/ Vnd

Abb. 5: *„Alle Hausgenossen und Handtwergs Gesellen / Tagelöhner und Handtarbeitter / so sich alhie bey der Stadt aufhalten / sollen zum Feuer lauffen / und fleissig zu wehren schuldig sein„*, Dresden 1558

Die Pflicht zum Alarm war gesetzlich vorgeschrieben: Es *„sol ein jeglicher Hauswirt bey welchem Feuer auskömpt zu tag und nacht so bald ers [ ] erfehret ein geschrey [ ] bey seinen Nachbarn zu machen schuldig und pflichtig sein. Und wann als dann die Opfferleute und Hausmann dergestalt ermuntert oder sie solches selber erfahren sollen sie alsbalden zu Sturm blasen und an die Glocken schalhen ...“*[39]

Und wenn der Alarm erklang, waren alle, die ihn hörten, zum Löscheinsatz verpflichtet. Deshalb hatten die Nachtwächter u.a. auch die Aufgabe, Einwohner mittels Rufen, Klopfen an den Haustüren und verschiedenen Instrumenten zu wecken.

Um Hilfe aus den Nachbargemeinden herbeizuholen, wurden sogenannte Feuerreiter oder Feuerläufer abgeschickt, die entsprechende Schreiben bei sich hatten.

---

[38] Stadtrechte Passau 1299, Anwalt = Vertreter, Verwalter, Knecht

[39] FO Braunschweig (Niedersachsen) 1590, FO Zwickau (Sachsen) 1609; Campe, Joachim Heinrich; Wörterbuch der Deutschen Sprache, Dritter Theil, Braunschweig 1809; Opferleute sind Kirchner und Küster, weil sie das Opfergeld für den Prediger in Empfang nehmen

Die „Feuerswehr“ als Aufgabe bestimmter Personengruppen

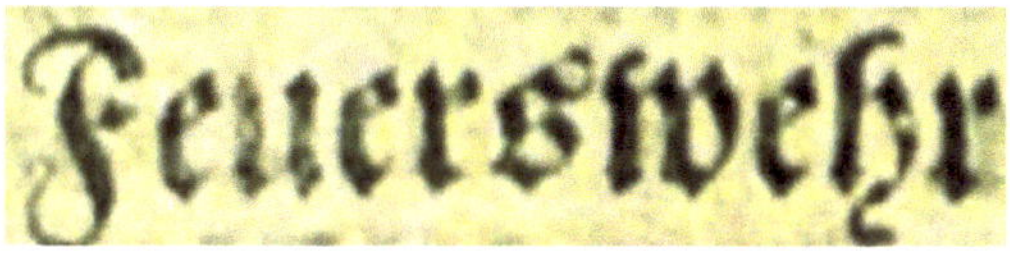
Feuerswehr

Abb. 6: Eine frühe Erwähnung des Begriffs „Feuerswehr“ (im Sinne der Tätigkeit der Brandbekämpfung), FO Grimma 1657

Sobald also ein Feuer beschrien, durch die Sturmglocke *„bestürmt“* oder irgendwie anders bekanntgemacht worden war, hatten anfänglich alle Nachbarn und Bürger mit Eimern, Äxten oder sonstigen Wasserbehältern, aber nicht mit leeren Händen[40] zur Brandstelle zu kommen.

Man musste jedoch bald erkennen, *„dass nicht gut sondern viel mehr fehrlich und hinderlich ist, dass jedermann zum feuer leufft.“*[41], so dass die Pflicht an der Brandstelle teilweise darauf beschränkt wurde, die Bürger sollten dem *„Feuer zueylen, demselben mit allem möglichen fleis und ernst wehren und retten biß so lange das die zum Feuer verordnete Personen ... zu hülffe kommen.“*[42]

Als zum Feuer verordnete Personen verpflichtete man aufgrund ihrer handwerklichen Fähigkeiten u.a. viele Zünfte. Alle Handwerksgesellen und Dienstboten hatten dann bei Dienstantritt zu geloben, *„das sie in der Stadt not und feuer treulich wollen helffen wehren.“*[43]

„Wer zum feuer [ ] lauffen und wehren sol“,[44] wurde in den jeweiligen Feuerordnungen bestimmt und meistens auch die Personenzahl der Handwerker festgelegt. Manchmal wurden die Personen der Löscheinrichtung sogar namentlich aufgeführt.

---

[40] FO Sachsen, Fürstentum 1521

[41] FO Zwickau (Sachsen) 1609

[42] FO Breslau [Schlesien] (Polen) 1578

[43] FO Dresden (Sachsen) 1558

[44] FO Zwickau (Sachsen) 1609

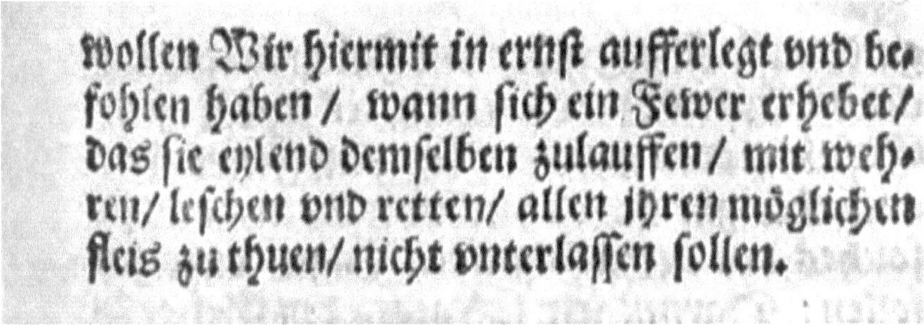

wollen Wir hiermit in ernst aufferlegt vnd be-
fohlen haben / wann sich ein Fewer erhebet /
das sie eylend demselben zulauffen / mit weh-
ren / leschen vnd retten / allen jhren möglichen
fleis zu thuen / nicht vnterlassen sollen.

Abb. 7: *„Wollen Wir hiermit in ernst aufferlegt und befohlen haben / wann sich eine Feuer erhebet / das Sie eylend demselben zulauffen / mit wehren / leschen und retten / allen ihren mögliche Fleis zu thuen / nicht unterlassen sollen"*, FO Breslau 1578

Unter der *„dapfferer kegenwehr"*[45] bzw. dem Begriff *„wehren des Feuers"*[46], der über mehrere Jahrhunderte in den verschiedenste Feuerordnungen verwendet[47] wurde, verstand man dem Feuer – als einen Feind – Einhalt zu gebieten, damit sich dessen verheerende Auswirkungen nicht verbreiteten. Die dazu eingesetzten Geräte, wurden eine Zeitlang vielfach auch als *„Feuerrüstung"* bezeichnet.[48]

Und damit der Wassertransport zur Brandstelle auch ständig erfolgte, hatte man – vermutlich aufgrund schlechter Erfahrung – z.B. in der Nürnberger Feuerordnung zudem bestimmt: *„Auch sollen alle Feuer-Kufen, wann sie das erste [ ] mal vom Feuer wegfahren, mit einem Mousquetier begleitet werden und nicht ehender ausgespannt werden, bis der Befehl darzu [ ] ertheilt wird."*[49]

Über Jahrhunderte waren offene Gewässer, frühe Wasserleitungen in Holzrohren oder halboffenen Steinrinnen und Brunnen die hauptsächlichsten Löschwasserquellen.

---

[45] FO Annaberg (Sachsen) 1530, FO Marienberg (Sachsen) 1540, FO Mannheim (Baden-Württemberg) 1743

[46] Adelung, Johann Christoph: Grammatisch-kritisches Wörterbuch der Hochdeutschen Mundart, Leipzig 1811

[47] FO Leipzig (Sachsen) 1544, FO Dresden (Sachsen) 1558, FO Hessen, Graftum 1559, FO Coburg (Bayern) 1618, FO Mainz (Rheinland-Pfalz) 1706, FO München, Residenz (Bayern) 1794, FO Kempten (Bayern) 1798 und über 90 andere.

[48] FO Erfurt (Thüringen) 1617, FO Zeitz (Sachsen-Anhalt) 1672: gemeine Feuerrüstungen; FO Delitsch (Sachsen) 1663: private Feuer-Rüstungen, FO Stuttgart (Baden-Württemberg) 1703, FO Mainz (Rhein-Pfalz) 1706, FO Köln (Nordrhein-Westfalen) 1730, FO Dresden (Sachsen) 1751, FO Altdorf (Bayern) 1781 u.v.a.

[49] FO Nürnberg 1770, *Feuerkufen* = Wasserbehälter, *„Mousquetier"* = Soldat

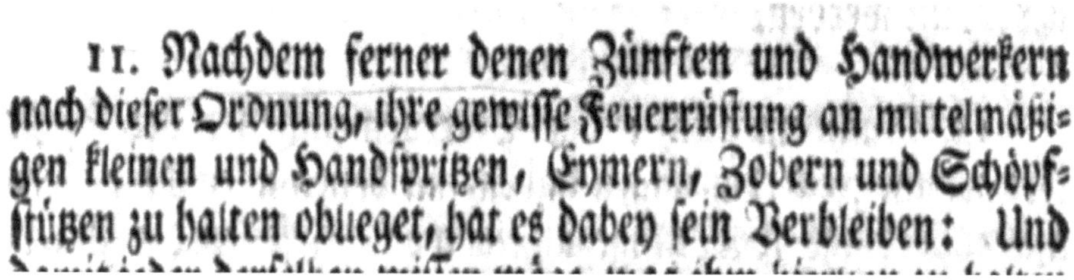

11. Nachdem ferner denen Zünften und Handwerkern nach dieser Ordnung, ihre gewisse Feuerrüstung an mittelmäßigen kleinen und Handspritzen, Eymern, Zobern und Schöpfstützen zu halten oblieget, hat es dabey sein Verbleiben: Und

Abb.8: Auszug aus der FO Erfurt 1777

Die Aufgabe der Bürger war mit Eintreffen der zum Feuer verordneten Personen an der Brandstelle jedoch noch nicht beendet. *„Aber alle andere Bürger sollen mit Harnisch und iren besten Wehre unseumlich für das Rathaus kommen.“*[50]

Die bewaffneten Bürger hatten die Tore zu schließen, die Stadtmauern zu besetzen, das Zeughaus und den Brandplatz vor Plünderern zu schützen und bildeten eine Reserve.

Außerdem waren durch sie die Ketten und Schlagbäume in den Gassen zu verschließen, damit keine Reiter oder auch Fuhrwerke ohne Erlaubnis des Rats passieren durften. Eine Flucht bei einem Brandausbruch versuchte man so zu verhindern.

Die Bürger waren also nicht mehr für die Brandbekämpfung selbst zuständig, aber weiterhin für diejenigen Schutzaufgaben, die früher den Bewohnern der nicht vom Brand betroffenen Viertel zugeteilt waren.

Die Löschaufgaben wurden nicht bezahlt, aber im Bedarfsfall von der übrigen Bürgerschaft unterstützt. Von denen, *„Die in Feuers wehr schaden entpfangen“*[51] erhielt jedenfalls jeder – egal ob Handwerker oder Bürger – freie ärztliche Versorgung und eine Entschädigung.

---

[50] *Harnisch* = Metall-Rüstung; *Wehr* = Waffe zur Verteidigung, *Hellebarden* = Spieße, *Obergewehr* = Musketen, Carabiner; *Seitengewehr* = Degen, Säbel; Weigand, Friedrich Ludwig Karl: Deutsches Wörterbuch, Gießen 1878; FO Leipzig (Sachsen) 1569

[51] Die Bezeichnung „Feuerswehr“ ist in den FO Annaberg (Sachsen)1530, Marienberg (Sachsen) 1540, Schneeberg 1604, Grimma (Sachsen) 1657und Hayn [Großen-] (Sachsen) 1662 enthalten

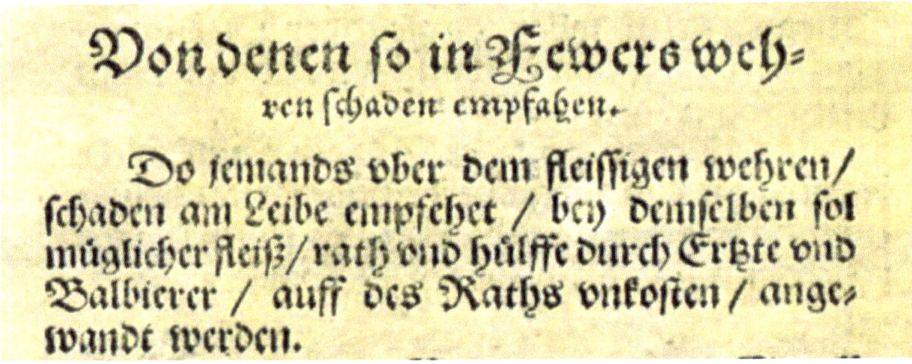

Von denen so in Fewers wehren schaden empfahen.

Do jemands vber dem fleissigen wehren/ schaden am Leibe empfehet / bey demselben sol müglicher fleiß/ rath vnd hülffe durch Ertzte vnd Balbierer / auff des Raths vnkosten / angewandt werden.

Abb. 9: *„Von denen so in Feuerswehren schaden empfahen. Do jemands uber dem fleissigen wehren / schaden am Leibe empfehet / bey demselben sol möglicher fleiß / rath unds hülff durch Ertzte und Balbierer / auff des Raths unkosten / angewandt werden."* FO Schneeberg 1604

Unter den betroffenen Hausbesitzern konnten jedoch nur die Mitglieder von Handwerkszünften und Gilden auf Unterstützung beim Wiederaufbau zählen, da die Zunft- und Gildeordnungen gegenseitige Unterstützung der Mitglieder vorschrieben. Dies kann als Vorläufer der späteren Feuerversicherungen angesehen werden.

Die übrigen Abgebrannten waren auf sich allein gestellt und erhielten nur einen sogenannten Brandbettelbrief, ein amtliches Schriftstück, das ihnen die Bettelei erlaubte sowie zum Bezug freien Bauholzes und zur Annahme von Geldschenkungen berechtigte. In manchen Städten wurde darüber hinaus als Unterstützung für den Wiederaufbau eine Zeitlang Steuerfreiheit gewährt.[52]

Brandbettelbriefe wurden mit dem Einsetzen der Feuerversicherungen abgeschafft, da teilweise auch damit Missbrauch betrieben wurde.

War eine Stadt einmal gänzlich abgebrannt, hatten oft die benachbarten Städte – abgesehen von Spenden von Lebensmitteln und Kleidung - auch mit etlichen Fuhren Bauholz oder Geld zu helfen *„dadurch sie wiedrumb aufbauen"*.[53]

---

[52] Rassek, Bernd-Dietrich: Eine Idee setzt sich durch, Teil 1, Wuppertal 1995; in Elberfeld (Nordrhein-Westfalen) wurde 1687 jeder Wiederaufbau nach dem Brand 20 Jahre lang von Steuern und Einquartierungslasten befreit.

[53] FO Brandenburg 1540, FO Herzogtum Magdeburg 1725

Erste Fortschritte in der Brandbekämpfung

Die technischen Mittel für eine Brandbekämpfung waren im Mittelalter noch zeitgemäß begrenzt.[54] Mehrere hundert Meter lange Eimerketten aus Helfern gehören in das Reich der Phantasie, da alle größeren Gebäude in ihrer Nähe Brunnen oder sonstige Wasserentnahmestellen hatten.[55]

Tatsächlich standen vor Ort einzelne Löscheimer, Leitern, Feuerhaken, nasse Decken oder Tierhäute und Hand- und Stockspritzen zur Verfügung. Größere Mengen Wasser wurden mit auf Kufen gestellten sog. Wasser-Tienen, großen Behältern oder Fässern, mit Hilfe von Pferden zur Einsatzstelle gebracht.

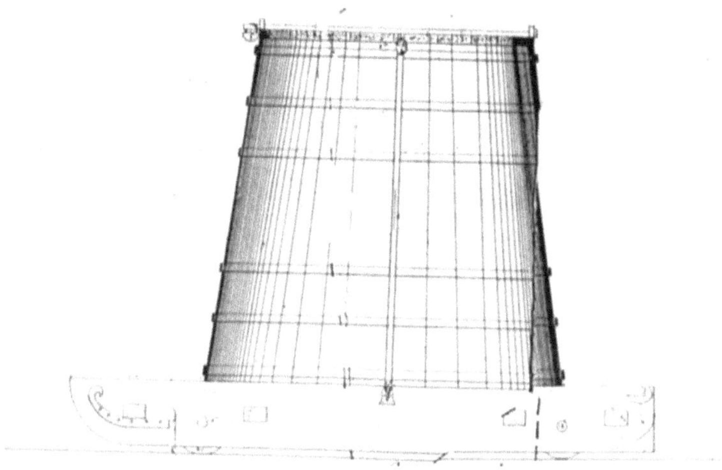

Abb. 10: Wasser-Tiene (Wasserbehälter) auf Kufen und zusätzlich auf Rollen

Auch mit diesen Mitteln gelang es oft, einem Feuer erfolgreich Einhalt zu gebieten und dessen Ausbreitung zu verhindern, – denn nicht jedes ausgebrochene Schadenfeuer führte zwangläufig dazu, dass eine ganze Stadt abbrannte:[56] „*Der im Gegensatz zu*

[54] Hornung-Arnegg; Wolfgang: Deutsches Museum, 4. Jahrgang 1980; die Hand- oder Stockspritzen (Luftpumpenprinzip) fassten ca. 1,5 l Wasser; seit dem Spätmittelalter existierte in Nürnberg eine Feuerspritzenmanufaktur

[55] Wucke, Bernd: Gebrochen ist des Feuers Macht, Erlensee 1995

[56] Effenberger: Die Welt in Flammen; Dresden (Sachsen) 1491, Dortmund (Nordrhein-Westfalen 1459, Prag (Tschechien) 1506, Arnsberg (Nordrhein-Westfalen) 1600 + 1614, Dresden (Sachsen) 1692, Leipzig (Sachsen) 1695

heute tägliche Umgang mit offenem Feuer und die einfachen Bekämpfungsmittel Eimer, Wasser, Leiter und Feuerhaken lässt die Bewohner mittelalterlicher Städte routiniert Entstehungsbrände löschen."[57]

Insgesamt traf „*Das Bild von einer Hilflosigkeit der Menschen dieser Zeit [ausgehendes Mittelalter] angesichts von Bränden und der Primitivität der Feuerschutzwesens wenn überhaupt, dann nur sehr eingeschränkt zu[trifft]. Zahlreiche Fälle haben nicht zu der Katastrophe geführt, zu der sie nach diesem Bild hätten führen müssen. Aus der Notwendigkeit heraus, etwas gegen den möglichen Verlust von Eigentum, Gesundheit und Leben zu unternehmen, war an vielen Orten bis zum ausgehenden Mittelalter ein differenziertes, gut ausgebautes und im Ernstfall wirkungsvolles Feuerschutzwesen entstanden.*"[58]

Dennoch brachte u.a. der technische Fortschritt wie z.B. die Einführung der Feuer- und Wasserkünste in der frühen Neuzeit und ihre Weiterentwicklung nach dem 30-jährigen Krieg erhebliche Erleichterungen und Verbesserungen in der Brandbekämpfung mit sich.

Nachdem es an Spritzen zunächst nur Hand- und Stockspritzen gegeben hatte, war insbesondere die Entwicklung neuer Feuerspritzen, die auch als „Feuer-Künste“[59] bezeichnet wurden, richtungsweisend.

Eine Art Vorläufer gab es bereits im Jahre 1517 in Augsburg, wie auch in Leipzig fast 100 Jahre später.[60] Aus dem Jahr 1617 stammt dann auch eine der ersten bekannten Überlieferungen, wonach anstelle der Handspritzen nunmehr Feuerspritzen, die von zwei Mann getragen werden mussten, in einer Stadt vorrätig waren.[61]

---

[57] Schamberger, Rolf / Leupold, Daniel: Brandschutzgeschichte, Stuttgart 2015

[58] Hachemer, Frank: Feuerhaken und Löscheimer, Magisterarbeit Siegen 1995; FO Erfurt 1617

[59] FO Hof (Bayern) 1708, FO Bayreuth (Bayern) 1732

[60] Hornung-Arnegg, Wolfgang: Feuerwehrgeschichte, Stuttgart 1995; 1517 wurde vom Goldschmied Anton Plattner eine Spritze an die Stadt verkauft; FO Wien 1534; Fiedler, Ottomar: Geschichte der Deutschen Feuerlösch- und Rettungs-Anstalten, Berlin 1873; 1612 empfahl Heinrich Zeisig in seinem theatrummarchinarium den Bau einer Spritze.

[61] FO Erfurt (Thüringen) 1617; Hornung-Arnegg: Feuerwehrgeschichte; ansonsten wird Nürnberg (Bayern) 1602 und 1655 genannt.

Abb. 11: Dieses Bild von 1711 verdeutlicht die früheren Mittel zu einer Brandbekämpfung: Trompete und Trommeln zur Alarmierung, Pechpfannen, Fackeln und Laternen zur Beleuchtung, eine große Spritze mit dem sogenannten „Schwanenhals", viele Handspritzen sowie Leitern zur Brandbekämpfung, Eimer und Behälter zur Wasserversorgung und Einreißhaken sowie andere Werkzeuge zum Niederreißen von Gebäuden.

Ansonsten waren die frühen Spritzen auf Rädern montiert und oft so schwer, dass sie i.d.R. durch Pferde gezogen werden mussten.

Ihre Weiterentwicklung, wie die Entwicklung des Löschwesens insgesamt, wurde dann zwar durch den aus der Reformation und Gegenreformation resultierenden Dreißigjährigen Krieg[62] und dessen verheerende Folgen zunächst unterbrochen, sollte jedoch alsbald fortgesetzt werden.

So erfand von Hautsch 1655 in Nürnberg eine großen Feuerspritze mit gleichmäßiger Wasserabgabe, für die bereits zu dieser Zeit überregional geworben[63] wurde, und van der Heyden 1673 in Amsterdam[64] eine Schlauchspritze, die sog. Schlangenspritze.

Die Spritzen sollten nunmehr durch Aneinanderschrauben von Schläuchen (Schlangen, anfänglich aus Leder) vor allem auch eine Brandbekämpfung im Gebäudeinneren ermöglichen.[65] Dies war mangels Schutzes der Löschmannschaften gegen Rauch und Hitze jedoch nur bis zu einer bestimmten Brandgröße möglich.

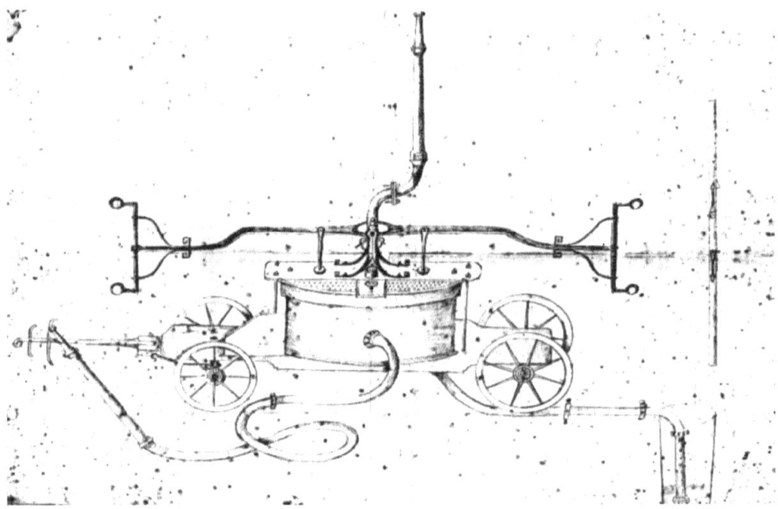

Abb. 12: Zeichnung einer Saug- und Druckspritze mit *„Schwanenhals„* und *„Flankirrohr mit Schlangen"*, Barmen 1788

[62] 1618 bis 1648; die Zeit von 1500–1648 wurde auch als Zeitalter der Glaubenskriege bezeichnet.

[63] Die Gutenberg-Bibel entstand bereits zwischen 1452 und 1454, also rund 200 Jahre zuvor. Bis zur Mitte des 17. Jahrhunderts war Gedrucktes in der Alltagskultur angekommen. Flugblätter zu Reklame- und Propagandazwecken waren weit verbreitet.

[64] Hornung-Arnegg: Feuerwehrgeschichte; Hamburg hatte 1677 zwei Schlangenspritzen; Dresden 1686 eine.

[65] *„Unterricht von dem Gebrauch der Schlangen-Spritzen bey Feuers-Noth"*, FO Leipzig 1780 + *„Ausführliche Instruktionen für sämmtliche Lösch-Compagnieen in Barmen"*, 1830, zitiert nach Rassek: Eine Idee setzt sich durch, Teil 2.

Hinzu kamen die technischen Neuerungen bei der Wasserversorgung im Brandfall z.B. durch Systeme zum Anheben und zur Führung von Wasser, die sog. *„Wasser-Künste"*.[66]

Bautzen drückte bereits 1558 das Wasser in einen kupfernen Hochbehälter, der 35 m über der Spree lag[67], und nachdem Leupold 1724 ein Werk veröffentlichte, in dem mehrere Saug- und Druckpumpen (sogenannte Wasserzubringer) dargestellt waren, wurde in der folgenden Zeit in vielen Orten eine große Anzahl von Feuerspritzen und Wasserzubringer gebaut.

Auch die Feuerordnungen entwickelten sich weiter. Nachdem die überregionale Kommunikation noch bis zum Spätmittelalter überwiegend durch Mönchsorden, Handelsbünde (Hanse), Verkaufsmessen, Zünfte und Gilden erfolgt war, hatte sich seit der frühen Neuzeit – auch infolge des *„immerwährenden Reichstages in Regensburg"*[68] – ein staatliches Postwesen (Kaiserliche Post[69] und diverse vorübergehende Landespostanstalten) im Liniendienst herausgebildet.

Der Briefverkehr zwischen den Städten nahm zu und auch das Reisen mit Postkutschen wurde eingeführt. Über diese neuen Kommunikationswege muss hinsichtlich der Feuerordnungen ein reger Informationsaustauch stattgefunden haben, denn ab etwa dieser Zeit hatten nunmehr fast alle Feuerordnungen eine identische Gliederung.[70]

Aber auch inhaltlich wurden die Feuerordnungen, *„Da hingegen die Abdrücke gedachter Ordnungen sambt dem Vorrath des Feuer-Geräths sich verloren, die Zeiten geändert, die Leute verstorben, die Vorstädte verödet, die Anzahl der Bürgerschaft sehr vermindert und was in vorfallen-*

---

[66] FO Braunschweig (Niedersachsen) 1590, FO Halle (Sachsen-Anhalt) 1658, FO Annaberg (Sachsen) 1699; *Wasserkunst* = System zum Anheben und Führung von Wasser, z.B. früher mittels Schöpfrädern und ausgehöhlter Baumstämme; Wikipedia; teilweise wurden auch – gegensätzlich – die Feuerspritzen als „Wasserkunst" bezeichnet, wie im Flugblatt von Hautsch in Nürnberg 1655

[67] Wucke: Gebrochen ist des Feuers Macht

[68] Die Ständevertretung im Heiligen Römischen Reich von 1663 – 1806 wurde so bezeichnet.

[69] Kaiserliche Reichspost ab 1595 unter Leitung von Taxis, später Thurn und Taxis

[70] Magirus: Das Feuerlöschwesen im allen seinen Theilen.

den Feuers-Noth eines jeden Verrichtung ist, bey denen meisten vergessen worden",[71] vielerorts erneuert.

Der Bevölkerungsverlust durch den 30-jährigen Krieg, der in ländlichen Gegenden ca. 40 %, in Städten ca. 25 – 30 % betrug, beeinflusste die Organisation des Brandschutzes in verschiedener Hinsicht. Nachdem z.B. früher Frauen bei Feuersbrünsten in den Häusern bleiben mussten und wegen der Gefahr von Flugfeuer Wasser auf dem Dachboden zu deponieren hatten, halfen nunmehr aus Personalknappheit *„Weiber, Mägde und andere starke müssige Personen"*[72] beim Wassertransport aus.

Fortschritte waren zudem hinsichtlich der Brandprävention und u. a. auch bei den Löschanstalten zu vermerken. So erreichten – mit wenigen Ausnahmen[73] – die großen Städte in der Zeit nach dem *„Westfälischen Frieden"* (1648) durch Feuervisitationen, Kaminfeger und Steinbauten schon eine relative Sicherheit gegen Stadtbrände.

Der einzelne Bürger hatte von Ostern bis Michaelis (29. September) einen Behälter mit Wasser vor seiner Haustür bereit zu halten und 1773 wurde die vermutlich erste interne Brandmeldeanlage vorgeschrieben. Danach war *„wenigstens bey denen Malzdarren einen Wecker anzumachen, wovon ein Faden über die ganze Darre gehet, dergestalt, das wenn der Mälzer sich von der Darre entfernete und inzwischen die Darre in Brand geriethe, der Faden sogleich wegbrennen und dadurch der Wecker von der Entzündung der Darre das Zeichen geben könne."*[74]

Die Vorschriften zur Brandverhütung enthielten zum Teil auch aus heutiger Sicht kurios anmutende Vorschriften, die darauf schließen lassen, dass Brände zumindest gelegentlich durch groben Unfug verursacht wurden.

---

[71] FO Zwickau (Sachsen) 1678; erst um 1500 wird wieder der Bevölkerungsstand des Jahres 1300 erreicht.

[72] FO Delitzsch (Sachsen) 1663, FO Bayreuth (Bayern) 1672

[73] Ausnahmefälle waren Aachen 1656, Frankfurt am Main 1711, Hamburg 1684 und 1842; Bei dem Stadtbrand 1842 mit über 50 Toten, ca. 20.000 Obdachlosen und der Vernichtung von rund einem Viertel der Stadt kam es auch zu großen Saufgelagen in der Deichstraße und in den Schulen hinter der Deichstraße im großen Flieth; Schleiden, Dr. H.: Versuch einer Geschichte des großen Brandes in Hamburg vom 5. bis 6. Mai 1842, Hamburg 1843. *„Die Spritzenmannschaften, so wie die Reserve waren auf den Tod ermattet, andere waren durch Trunk unfähig geworden."*

[74] FO Wittenberg, Land (Sachsen-Anhalt) 1773

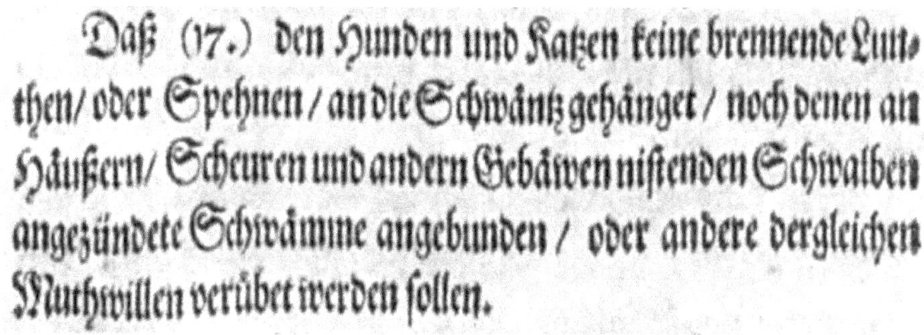

Daß (17.) den Hunden und Katzen keine brennende Lun-
then/ oder Spehnen / an die Schwäntz gehänget / noch denen an
Häußern/ Scheuren und andern Gebäwen nistenden Schwalben
angezündete Schwämme angebunden / oder andere dergleichen
Muthwillen verübet werden sollen.

Abb. 13: Ein Kuriosum: „*Daß ... den Hunden und Katzen keine brennende Lunthen / oder Spehnen / an die Schwäntze gehänget / noch denen an Häußern / Scheuren und andern Gebäuen nistende Schwlben angezündete Schwämme angebunden / oder andere dergleichen Muthwillen verübet werden sollen.*“, Straßburg 1688

Die Anfänge von freiwilligen Löschanstalten

Die bereits bestehenden Löschanstalten erfuhren Modifizierungen, die zum Teil noch in der heutigen Zeit vorhanden sind.

War die Brandbekämpfung mit den vorhandenen Mitteln – häufig auch aufgrund von Sturm oder wechselnden Windverhältnissen – erfolglos, führte dies zu chaotischen Zuständen: „*Alles rennet, rettet, flüchtet, taghell ist die Nacht gelichtet. Durch die Hände lange Kette fliegt der Eimer ...*“.[75]

In der Regel aber führten all die vorgenannten Neuerungen und Verbesserungen ab der frühen Neuzeit – trotz aller Unzulänglichkeiten – zu zahlreichen Löscherfolgen.

Bereits 1649 heißt es diesbezüglich in der Feuerordnung von Leipzig „ ... *viel unterschiedliche auffgegangene gefährliche Feuersbrunsten gewehret / und gedempfet worden ...*“[76]

In Erfurt erschien sogar eine Veröffentlichung, um die wiederholte Rettung der Stadt vor Feuersbrünsten zu feiern.

[75] Schiller, Friedrich: Das Lied von der Glocke

[76] FO Leipzig, 1649

Das
In großen Feuers-Brünsten
Offt
Gerettete Erffurt/

Abb. 14: „*Das in großen Feuers-Brünsten offt gerettete Erffurt*„, Erfurt 1771

In Wien wurden 1685 vier „*Feuerknechte*" als erster ständiger Brandschutzdienst zur „*Dirigierung und Regierung der Feuerspritzen der Stadt*" etabliert[77]. Und obwohl dies angesichts der Zahl des Personals zweifelhaft erscheint, wird diese Einrichtung in der Literatur oft als die erste Berufsfeuerwehr der Welt bezeichnet.[78]

In Dresden wurden bereits 1686 regelmäßige Übungen angeordnet und in Hamburg 1697 die Mannschaften mit sogenannten Wittkittels, „*Leinene Kittel (oder Uberzüge von rother Couleur) und weisse Hauben*", uniformiert.

Im Jahre 1728 wurde bei ihnen das Nummernsystem eingeführt. Zu jeder Spritze gehörten 20 Mann und zwar zwei „*Sprützen-Commandeurs*", zwei Rohrführer und 16 „*Sprützen-Drücker*".

Kommandeure und Mannschaften waren durch Eide auf ein Reglement verpflichtet und „*...daferne ich krank seyn möchte, bey Zeiten jemand für mich stellen, und dem Sprützen-Meister bey der Feuer-Cassa sogleich Nachricht davon erteilen will. ...Und endlich verbinde ich mich, auch keine Nacht ohne Erlaubnis ... aus der Stadt zu bleiben*".

Diese Spritzenmannschaft war nach Nummern eingeteilt, aus denen ihre Funktion hervorging.[79] Dabei stand die Mannschaft mit gerader Nummer an der rechten, die mit ungerader an der linken Seite der Spritze. Die Nummern waren nicht nur auf den Kitteln angebracht, sondern befanden sich auch auf den Zählmarken, den sogenannten „*meßingen Brandpfennige*".

---

[77] Wolter: Die Freiwilligen Feuerwehren in Österreich

[78] Strumpf, Günter: Die älteste Feuerwehr, brandschutz 6/1992

[79] Aber weder diese Ordnung noch das Nummernsystem halfen bei der Brandbekämpfung des Stadtbrands 1842

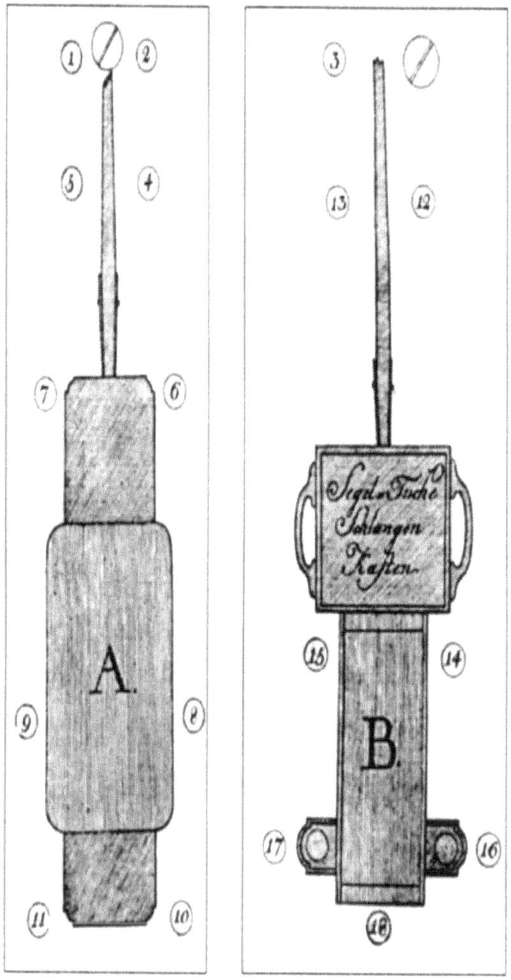

Die Figur A stellt die Spritze vor, wobei folgende Leute sind, wovon der erste (zwischen No 1 und 2) Commandeur, und No 1 mit dem Fangseil und der Axt sich dahin verfügen, wo sie am ehesten zum Feuer können. No 2, 4 und No 5 binden itzgemeldetes Fangseil in den Koppelbund, das sich an der ledernen Schlange befindet, und schlagen 2 halbe Steck an das Rohr, welches No 1 ungeseumet zu sich holet, wobei No 6 und 7 die led. Schlangen in Ordnung zu halten sich bemühen, daß sie ohne Ecken und in der Runde liegen, No 8 und 9 haben an beiden Seiten der Sprütze die messingen Schrauben, an deren einer die lederne, un d an der anderen die Segeltuchenen Schlangen befestigt ist, zu beobachten, stecken zugleich die hölzernen Druck-Bäume in die eisernen Balance-Balken. No 10 und 11 befestigen die Räder mit dem Riegel, oder Haken um die Sprütze zum Stillstand zu bringen. Die Figur B stellet dan den Zubringer mit dem Kasten zu den Schlangen vor, wobey der andere neben No 3 stehende Commandeur, und No 3 welcher den Beutel mit Geräthschaften hat, sich bemühen, solche ans Wasser zu bringen, welches dem Feuer am nähesten. No 12 u. 13 nehmen alsbald den Kasten worin die Segeltuchs-Schlangen sich befinden, und gehen damit nach der Sprütze, um die Schlangen an die an der einen Seite vorhandenen große Schraube zu befestigen. No 14 u. 15 bringen das Druckwerk zu Stande, u. befestigen die Räder, damit der Zubringer stille stehe. No 16 und 17 nehmen ein jeder eine Saug-Schlange, und schrauben sie zusammen, welche denn No 18 vermittelst eines eisernen Stickens befestigt, und, wenn solches geschehen, lassen diese 3 letztern die Saug-Schlangen mit Fang-Leinen ins Wasser.

Abb. 15: Das hamburgische Feuer-Löschwesen, Aufstellung der Spritzenleute 1728

In einer „*Exercitio der Sprützen Leuthe*“ von 1746 waren diverse Fragen und Antworten (eine Art Katechismus) für die Angehörigen der Löschanstalten aufgeführt. Der Vorsitzende der Feuerkassen-Deputation (ein städtischer Ausschuss, der 1676 gleichzeitig in Verbindung mit der „*Feuer-Cassa*“, einer Feuerversicherung, gegründet wurde) bemängelte jedoch im selben Jahr, dass es für die Schulung der Kommandeure, Rohrführer und Mannschaften keine Vorschrift gäbe.

Die sogenannten Brandpfennige oder auch andere Kennzeichnungen wurden von vielen Städten zur Kontrolle der Anwesenheit von den bestellten Personen einer Löschmannschaft an der Brandstelle eingeführt.[80]

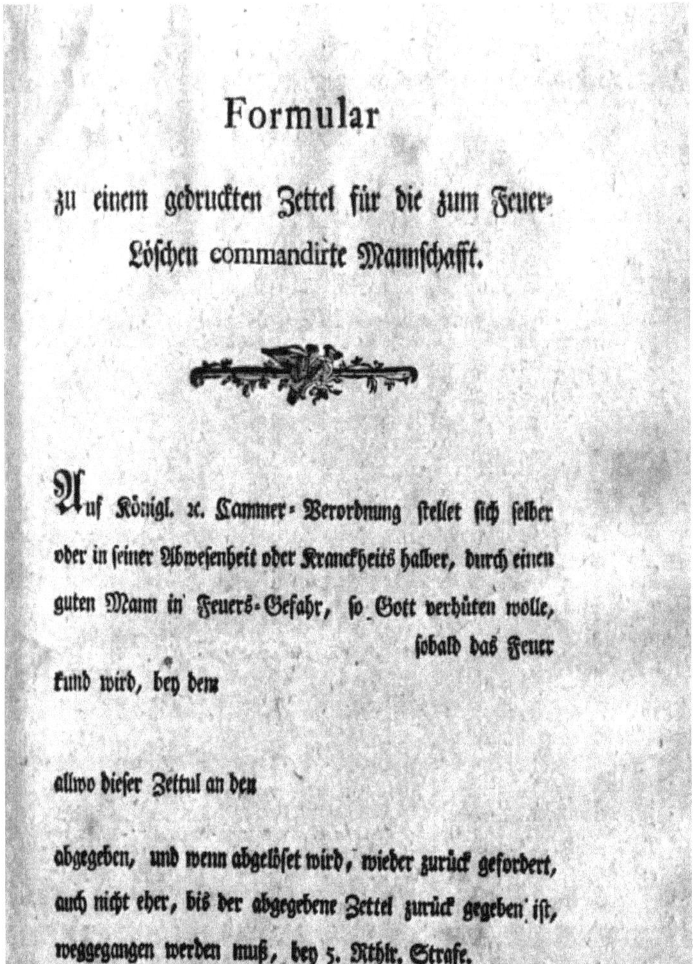

Formular

zu einem gedruckten Zettel für die zum Feuer-Löschen commandirte Mannschafft.

Auf Königl. rc. Cammer-Verordnung stellet sich selber oder in seiner Abwesenheit oder Kranckheits halber, durch einen guten Mann in Feuers-Gefahr, so Gott verhüten wolle, sobald das Feuer kund wird, bey dem

allwo dieser Zettul an den

abgegeben, und wenn abgelöset wird, wieder zurück gefordert, auch nicht eher, bis der abgegebene Zettel zurück gegeben ist, weggegangen werden muß, bey 5. Rthlr. Strafe.

den ten 17

Abb. 16: Kontrolle zur Anwesenheit auf der Brandstelle, Grünberg 1776

[80] FO Berlin und Vorstädte 1707 + 1727, Blechschild, Gewerkszeichen und Numero; FO Stargard 1751 usw.

Seit dem Jahr 1747 hatte Hamburg dann eine ständige Brandwache. In Saarlouis wurde 1717 eine Pflichtfeuerwehr eingeführt, die seitdem uniformiert, militärisch organisiert und sogar bewaffnet eingesetzt wurde.[81]

Im Jahre 1745 wurde in Barmen eine freiwillige Einrichtung zur Brandbekämpfung, die sogenannte *„Brandtordnung"*, gegründet[82]. Sie war die wohl erste Löscheinrichtung, die auf dem Prinzip der Freiwilligkeit basierte.[83]

Abb. 17: Nach mehrfacher Reorganisation wurde die FF Barmen mit über 1.050 Mann (1882) die größte Freiwillige Feuerwehr in Preußen

---

[81] Prager: florian 14: achter alarm!

[82] *„Freywilligen Vereinigung Reglement und Conditionen wegen der von denen auf der Gemarcken wohnenden Churfürstl. Unterthanen daselbst anzulegender Brand-Sprützen und dazu erforderlichen Nothwendigkeiten"*; Barmen wurde anfänglich auch als *„Gemarke"* bezeichnet. Zitiert nach Rassek, Bernd-Dietrich: Eine Idee setzt sich durch, Teil 1 und Teil 2, Wuppertal 1995 und 2012

[83] Die „Brandordnung" von Xanten aus dem Jahre 1743 bestand offensichtlich aus zum Feuer verordneten Personen; Festschrift 1743 bis 1993: 250 Jahre Feuerwehr Stadt Xanten; siehe auch den Abschnitt: Die „Feuerswehr"

Weil Barmen zu dieser Zeit noch keine Stadt war, erhielt diese Einrichtung vom Kurfürsten Karl Theodor ein *„Privileg"*. Sie war u.a. zur Erhebung einer Art Feuerschutzsteuer von jedem Haus in Barmen berechtigt und erhielt *„wegen des gemeinnützigen Wertes"* einen jährlichen Zuschuss vom Amt.[84]

In Lübeck wurde 1761 eine freiwillige Löschmannschaft eingerichtet.[85]

Ab dem Jahr 1780 versahen in Bautzen ca. 80 Freiwillige in der *„Freywilligen-Bürger-Feuer-Compagnie"* ihren Dienst und in Alzey bildeten 1799 einige Bürger eine *„Feuer Compagnie"*.[86]

In Köln wurde beispielsweise im Jahre 1801 ein *„Corps Pompiers"*, bestehend aus vier Kompanien Freiwilliger und dem *„Corps d' ouvriers"*, einer Kompanie Arbeiter, eingerichtet und ein neues *„Polizey-Reglement über Feuersbrünste"* erlassen.[87]

Die Bedeutung der Weiterentwicklung der Mittel und Maßnahmen in der Brandbekämpfung wurde auch erkannt. In Kopenhagen z.B. setzte daher die königliche Sozietät der Wissenschaften 1770 und 1775 sogar Preise für Abhandlungen über die vorteilhafteste Anordnung von Feuerspritzen sowie darüber aus, wie die Feuerlöschanstalten in den kleinen Städten und Dörfern zur Verhütung großer Feuersbrünste zu verbessern sind.[88]

---

[84] Magirus hatte 1877 die Gründung eines freiwilligen Löschcorps in Barmen mit 1745 – 1748 angegeben; die Danziger Zeitschrift „Der Norddeutsche Feuerwehrmann", die Barmer Wochenschrift für das Feuerlöschwesen; „Der Feuerwehrmann" und die Barmer Zeitung berichteten jeweils 1895 über die Geschichte der FF Barmen, siehe auch Sahlberg, Emil: Geschichte der Barmer Feuerwehr, Bearbeitet unter Verwendung von Aufzeichnungen des 1891 verstorbenen städt. Sekretärs Friedrich Cron von dem Oberst der Barmer Freiwilligen Feuerwehr Emil Sahlberg, Barmen 1903, + weitere Quellen.

[85] Meyer: Die Entwicklung des Feuerlöschwesens im alten Lübeck; danach hatte Lübeck nur nachts eine Brandwache.

[86] Lt. Chronik FF Bautzen; 1799 gründeten 24 Bürger eine Feuerkompagnie, lt. Chronik der FF Alzey.

[87] Neuhoff, Stephan: Feuer und Flamme, Die Geschichte des Brandschutzes in Köln, Düsseldorf 2014; Mit einer unwesentlichen Erneuerung 1833 blieben diese Bestimmungen in Köln bis 1864 in Kraft.

[88] Karsten, Wenceslaus Johann Gustav: Abhandlung über die vorteilhafteste Anordnung der Feuerspritzen, Greifswalde 1773; Klügel, Georg Simon: Abhandlung von der besten Einrichtung der Feuerspritzen, Berlin 1774; Müller, Johann Melchior: Ueber die Rettung der Meublen und des Hausgeräths bey entstandener Feuersgefahr, Erfurt 1796; Valentin, Friedrich: Ueber die zweckmäßigsten Brandanstalten in großen Städten, Kiel 1797

außgeben und publiciren lassen / viel un-
terschiedliche auffgegangene gefährliche
Feuersbrunsten gewehret / und gedempf-
fet worden / Derowegen denn hochnoth-

Abb.18: „… *viel unterschiedliche auffgegangene gefährliche Feuersbrunsten gewehret / und gedempfet worden /…* “, FO Leipzig 1649

Die erstmalige Entstehung von freiwilligen Rettungsvereinen

Im Zuge der Aufklärung bildete sich in den unterschiedlichsten Bereichen eine Vielzahl von Vereinen mit der Zielsetzung, verbessernd und wohltätig zu wirken. Im Bereich der Brandbekämpfung basierte die Gründung von Rettungsvereinen auf mehreren Motiven.

Zum Einen hatten die sich nach und nach entwickelnden, bald vielerorts eingeführten, recht fortschrittlichen öffentlich-rechtlichen Feuerversicherungen nicht nur Vorteile, sondern auch „*zwei sehr große Nachteile für das gesamte Vermögen eines Landes mit sich gebracht: die größere Sorglosigkeit und Nachlässigkeit in Verhütung von Feuersgefahr und dann den anderen, dass jetzt der Eifer zum Löschen bei den Betroffenen sowohl als bei zunächst nicht Betheiligten ein viel geringerer ist, als vor Einführung der Feuerassecuranzen. Weiß man doch jetzt, dass der Betroffene meist keinen Schaden leidet und dieser einzig Gesellschaften trifft, die dafür bezahlt sind!*“[89]

Die größere Sorglosigkeit und Nachlässigkeit trug also das erhöhte Risiko der Brandentstehung in sich und zugleich sank die Bereitschaft der Bevölkerung, einem Brand entgegenzuwirken und sich an dessen Löschen zu beteiligen, da der Einzelne seinen Schaden in der Regel ersetzt bekam.

[89] Weiser, Carl: Die deutsche Feuerwehr, Mainz 1855. Weiser war 1849 – 1865 Kommandant der Mainzer Feuerwehr.

Da die Feuerversicherungen jedoch zunächst nur die Brandschäden bei Gebäuden abdeckten, blieb die darüber hinausgehende Rettung von Maschinen, Waren oder Wertgegenständen dem Hauseigentümer allein oder einem helfenden *„Verwandten oder Menschenfreund“*[90] überlassen.

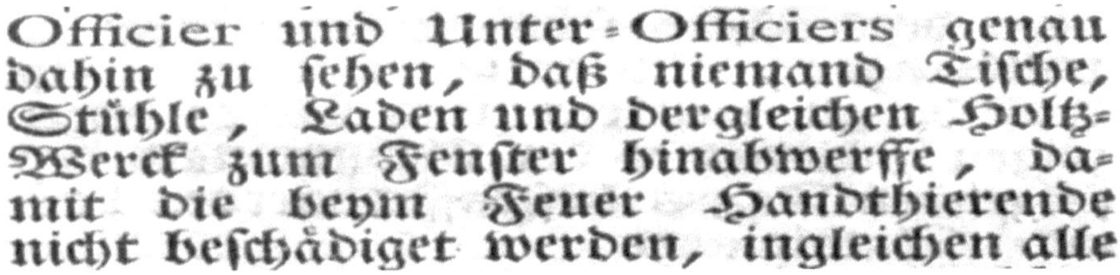
Officier und Unter-Officiers genau
dahin zu sehen, daß niemand Tische,
Stühle, Laden und dergleichen Holtz-
Werck zum Fenster hinabwerffe, da-
mit die beym Feuer Handthierende
nicht beschädiget werden, ingleichen alle

Abb. 19: Die Arbeit der helfenden *„Menschenfreunde“* war nicht immer problemlos: *„Officier und Unter-Offciers genau dahin zu sehen, daß niemand Tische, Stühle, Laden und dergleichen Holtz-Werck zum Fenster hinabwerfe, damit die beym Feuer Handthierende nicht beschädiget werden ...* “, FO Dresden 1765

Dies führte insbesondere bei Kaufleuten und Industriellen dazu, dass sie in einem Brandfall durch den (drohenden) Verlust ihrer wertvollen Waren und Maschinen nach wie vor in ihrer wirtschaftlichen Existenz gefährdet waren.

Um also auch diese Gegenstände zu retten und um überhaupt *„dem Hülfsbedürftigen Hülfe zu leisten, das Seinige so viel wie möglich zu retten, durch zweckmäßige Anstalten dem verheerenden Feuer Einhalt zu thun und die nöthigen Verfügungen zu treffen, den entstandenen Schaden möglichst zu vermindern“*,[91] begannen sich ab Mitte/Ende des 18. Jahrhunderts durch den freiwilligen Zusammenschluss von Privatpersonen Vereinigungen als Erweiterungen der bereits bestehenden staatlichen Löschanstalten zu bilden.[92]

Diese freiwilligen Vereinigungen wurden als *„Rettungs-Verein, Rettungs-Gesellschaft, Rettungs-Anstalt, Rettungs-Corps“* oder als *„Rettungs-Compagnie“* bezeichnet.

---

[90] FO Gotha 1799

[91] „Erste Einrichtung einer Rettungs-Anstalt bey Feuers-Gefahren von einer Privat-Gesellschaft in Elberfeld“ FO [Wuppertal] (Nordrhein-Westfalen) 1802; siehe auch FO Braunschweig (Niedersachsen) 1820 u a.

[92] FO 1788 Hannover (Niedersachsen), FO 1797 Erfurt und Rudolstadt (Thüringen), FO 1799 Gotha (Thüringen, FO 1801 Dortmund (Nordrhein-Westfalen), FO 1801 Halle (Sachsen-Anhalt), FO 1802 Elberfeld (NRW), FO 1804 Überlingen (Baden- Württemberg), FO Ulm 1805 (Baden-Württemberg); sowie 1800 Nürnberg (Bayern), 1809 St. Tönis (NRW) nach deren Chroniken; [*St. Tönis ist jedoch umstritten*]; 1800 Warschau [lt. Helen Witceka]; weitere über 60 Rettungsvereine nach 1810 siehe Fußnote 106

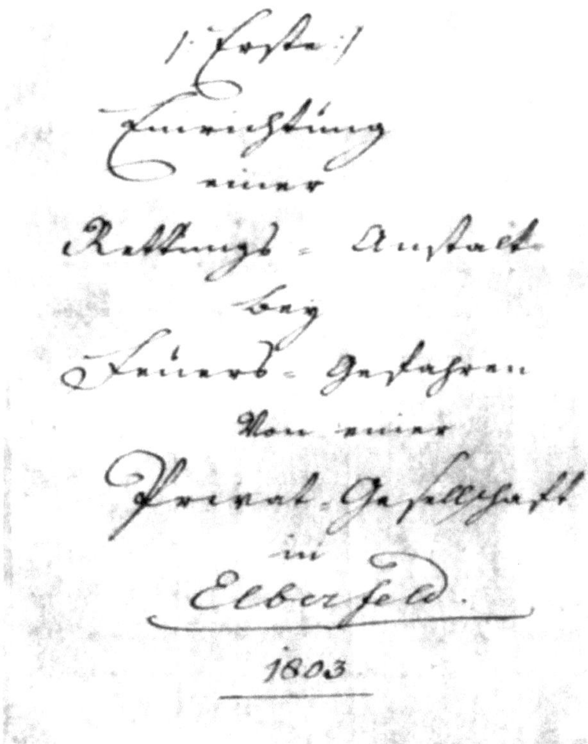
/ Erste /
Einrichtung
einer
Rettungs-Anstalt
bey
Feuers-Gefahren
von einer
Privat-Gesellschaft
in
Elberfeld.
1803

Abb. 20: *„Erste Einrichtung einer Rettungs-Anstalt bey Feuersgefahren von einer Privat-Gesellschaft in Elberfeld 1803„*

Hatte das Hauptaugenmerk zuvor noch auf der Verhinderung der Brandentstehung und -ausbreitung – auch durch Einreißen von Häusern – gelegen, ging es nunmehr bei den frühen Rettungsvereinen und freiwilligen Anstalten vor allem auch um ein Tätigwerden unmittelbar nach Brandentstehung zur Rettung von Hab und Gut sowie insbesondere von Menschenleben. Letzteres ist ja noch heute vordringlichste Aufgabe der Feuerwehr.

Einige der frühen Gründungen ließen dabei als Mitglieder der freiwilligen Vereinigung nur unbescholtene Bürger oder *„hiesige Kaufleute“*[93] zu und beruhten somit noch auf einem genossenschaftlichen Prinzip. Das demokratische Gedankengut war jedoch

[93] FO Hannover 1792

auch hier die eigentliche Basis, so dass schon vor der Jahrhundertwende in das 19. Jahrhundert erstmals auch *„Hausgenossen und gewöhnliche Arbeiter“* [94] integriert wurden.

Sogar in Warschau (Südpreußen, heute Polen) hatte sich 1800 mit der *„Feuerrettungsgesellschaft“* eine gemeinnützige Organisation zur Menschenrettung gebildet[95] und seit 1805 gab es in Ulm eine *„Bürgerliche Rettungs-Kompagnie bei entstehenden Feuersbrünsten“.*[96]

Durch diese Zusammenschlüsse Privater wurde also die Freiwilligkeit erstmals in mehreren Städten Bestandteil des Löschwesens, die bereits bestehenden staatlichen Löscheinrichtungen wurden durch sie ergänzt.

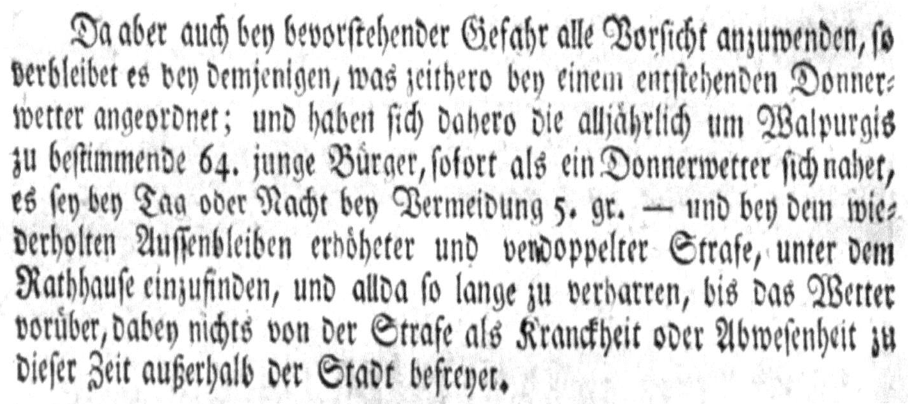

Da aber auch bey bevorstehender Gefahr alle Vorsicht anzuwenden, so verbleibet es bey demjenigen, was zeithero bey einem entstehenden Donnerwetter angeordnet; und haben sich dahero die alljährlich um Walpurgis zu bestimmende 64. junge Bürger, sofort als ein Donnerwetter sich nahet, es sey bey Tag oder Nacht bey Vermeidung 5. gr. — und bey dem wiederholten Aussenbleiben erhöheter und verdoppelter Strafe, unter dem Rathhause einzufinden, und allda so lange zu verharren, bis das Wetter vorüber, dabey nichts von der Strafe als Kranckheit oder Abwesenheit zu dieser Zeit außerhalb der Stadt befreyet.

Abb. 21: Blitzschlag war eine relativ häufige Brandursache. Als Vorsichtsmaßnahme hatten sich daher 64 Mann bei einem „Donnerwetter“ am Rathaus einzufinden, Rochlitz 1796

Die Rettungsvereine als freiwilligen Anstalten übernahmen somit einen Teil der hoheitlichen Aufgabe der Gemeinde der Gefahrenabwehr.

Da die Bekämpfung von Bränden jedoch eine kommunale Aufgabe blieb und die Leitung im Brandfall gewöhnlich bei dem Bürgermeister, den Ratsherren oder den

[94] FO Gotha 1799

[95] Witecka, Helen: Die polnische Feuerwehr unter totalitären Regimen, CTIF 2004

[96] Nübling, Theodor Ulrich 1828: Auf vieljährige Erfahrung gegründete Beobachtungen für eine zweckmäßige Einrichtung der Rettungsanstalten bey entstehenden Feuersbrünsten, Ulm 1828 [Th. U. Nübling war über 20 Jahre Vorsitzender (Hauptmann) der Rettungs-Anstalt in Ulm].

von ihnen bestimmten Feuerherren lag, konnten diese ersten freiwilligen Bürgervereine größtenteils nur ergänzend zu einer Feuerlöschanstalt tätig sein.

Und dennoch hatte diese ergänzende Tätigkeit – auch bereits der frühen Rettungsvereine – spürbar Einfluss, denn, wie es treffend in einer späteren Beurteilung der deutschen Turnbewegung heißt, deren Ortsvereine in mehr oder weniger großen Teilen oft gleichzeitig als Freiwillige Feuerwehr fungierten: *„Hatte doch die Obrigkeit bisher einen Monopolanspruch auf die Sorge für das gemeine Wohl, für die öffentlichen Dinge überhaupt – also auch für die Organisation und Leitung der kommunalen Brandbekämpfung – so verschiebt sich nun die Grenze zwischen staatlichem und privatem Handeln. Indem der Turnverein in dieser Form gemeinnützig tätig wird, nimmt er diese öffentliche „patriotische„ Angelegenheit in private Regie oder wirkt zumindest an dieser einflussreich mit“.*[97]

Abb. 22: Brand der Residenz in Stuttgart 1683; deutlich ist die Reihenbildung für die Löscheimer zu erkennen

[97] Kubitza, Oliver: Die deutsche Turnbewegung. Feuerwehr- und Turnerbewegung, CTIF Tagungsband 2011

Die Errichtung von Brandcompagnien

Die seit 1794 besetzten linksrheinischen Gebiete wurden 1801 offiziell an Frankreich abgetreten. In der Franzosenzeit unter Napoleon wurden nicht nur das Heilige Römische Reich Deutscher Nation, sondern auch die Zünfte der linken Rheinseite, 1798, und im Rheinbund, 1809, aufgelöst und Gewerbefreiheit gewährt.[98]

Damit fiel eigentlich zugleich auch die bis dahin überwiegend bestehende Verpflichtung der Zünfte zur Brandbekämpfung weg. Bis diese jedoch auf die Bürger oder besoldete Mannschaften o.ä. übertragen war, blieben die alten (Zunft-) Löschanstalten vorübergehend vielerorts erst einmal erhalten.

Nachdem dann im Jahre 1810 bei einem großen Fest in Paris anlässlich der Vermählung Napoleons mit Marie-Louise von Österreich ein Feuer ausgebrochen war, bei dem dieser selbst die Löscharbeiten leitete[99], wurden die französischen Löschmannschaften, die *„Sapeur-Pompiers"*, reorganisiert und nun dem Militär angegliedert.

Auch in allen linksrheinisch besetzten Gebieten – soweit dies dort noch nicht geschehen war –, aber auch im Großherzogtum Berg sowie in dem neu konstruierten Königreich Westfalen, wurde infolgedessen durch ein Dekret von 1811[100] eine unverzügliche Einrichtung von neuen *„Brand-Löschungs-Anstalten"* gefordert.

Diese gliederten sich in eine Lösch-, eine Rettungs- und eine Schützen-Compagnie. Jeder konnte sich zu diesem *„Feuerkorps"* freiwillig melden oder er wurde verpflichtet, wobei von ihm erwartet wurde, *„dass er bei solchen drohenden Gefahren seine ihm aufgetragenen Pflichten mit Anständigkeit und Pünktlichkeit [zu] erfüllen trachten werde."*[101]

---

[98] Haupt, Heinz-Gerhardt: Das Ende der Zünfte, Göttingen 2002; 1798 wurden die Zünfte auf der linken Rheinseite aufgelöst und 1809 im Rheinbund und dessen franz. Modellstaaten; Bertelsmann Chronik; Kaiser Franz II legte am 6.8.1806 die Kaiserkrone nieder; auch in Preußen wurde 1811 die Gewerbefreiheit eingeführt.

[99] Wikisource: Das Ballfest von etwa 1.000 Personen fand am 1.7.1810 statt.

[100] Es handelt sich um die Präfektur-Verordnung des Departement des Rheins Nr. 5 vom 15.02.1811; Präfekt = oberster Beamter eines Departements (Verwaltungsbereich); 1808 wurde das Großherzogtum Berg in vier Departements eingeteilt

[101] FO Barmen [Wuppertal] (Nordrhein-Westfalen) 1811

Für das Vorgehen der Rettungs-Compagnie im Brandfall wurde bestimmt, *„dass ihre vornehmste Sorge zuerst auf Menschen, dann Thiere und kostbare Effecten, besonders auch auf Handlungsbücher und Briefschaften gerichtet seyn müßte."*

Errichtung

der

drei Brandcompagnien

nach der

Präfektur-Verordnung Nro. 5.

vom 15. Februar 1811.

Gedruckt bei J. C. Evrich in Elberfeld.

Abb. 23: Titelblatt, Errichtung der drei Brandcompagnien nach der Präfektur-Verordnung No. 5 vom 15.02.1811, Elberfeld

Im gesamten Großherzogtum Berg, in Saarlouis und auch in vielen anderen Gebieten wurde gleichzeitig eine jährlich durchzuführende Bestandsaufnahme der Löschgeräte eingeführt.

In diesen Territorien bis dahin bestehende Rettungsvereine lösten sich entweder selbst auf oder hatten sich diesen Brandcompagnien unterzuordnen.[102]

Die eigentliche Zeit der „Rettungsvereine“

Nach dem Ende der Herrschaft Napoleons und nachdem der Wiener Kongress die alten Herrschaftsansprüche, aber in neuen Staatsgrenzen wiederhergestellt hatte,[103] überwogen – zum Teil auch noch kriegsbedingt – in den Folgejahren Rückentwicklungen und Stillstand den Fortschritt.

Seit den Karlsbader Ministerialkonferenzen im Jahr 1819, die unter anderem über Maßnahmen zur Überwachung und Bekämpfung liberaler und nationaler Tendenzen im nach-napoleonischen – Deutschland – beraten hatten, wurden viele freiheitlich gesinnte Vereine, darunter auch die Turnvereine in Preußen, verboten.[104]

Dies und die vorangegangenen Auflösungen der Zünfte unter Napoleon führten dazu, dass der Zeitraum von 1820 bis 1840 vorwiegend eine weitere Periode der Pflichtfeuerwehren darstellte.[105] Diese besoldeten und/oder verpflichteten Löschmannschaften waren jedoch auch aufgrund der Fortführung alter Gewohnheiten – siehe oben die Aussagen bei den Einführungen der Feuerversicherungen - oft nicht sonderlich erfolgreich.

Hinzu kam, dass zur Vermeidung der körperlich schweren und monotonen Pumparbeit Feuerspritzen, die von den Mannschaften noch immer zur Brandstelle gebracht werden mussten, vielfach einfach unbrauchbar gemacht wurden, so dass die Feuerlöschordnung in Berlin 1843 nunmehr besagte, dass die Prämien für die zuerst an der

---

[102] In Elberfeld wollte sich der Rettungsverein nicht dem Feuerlöschkorps unterordnen. Die Angelegenheit zog sich von 1811 bis zur Auflösung des Vereins 1817 hin. Stadtarchiv Wuppertal + Staatsarchiv Düsseldorf, Grhz. Berg, 5488, 11078 – 11079

[103] Bertelsmann Chronik; Zeit der Restauration.

[104] CTIF Tagungsband 2011: In Preußen blieben nur die Turnvereine in Hamburg und in Mainz bestehen; aber auch im liberal geprägten süddeutschen Raum gründeten sich nur wenige Turnvereine bis 1846.

[105] Jüchen, Aurel von: Geschichte des Feuerschutzes in Rheinland und Westfalen, Gelsenkirchen 1924

Brandstelle eingetroffenen Brandspritzen nur dann gezahlt wurden, wenn diese *„unbeschädigt und vollständig"* ankamen.

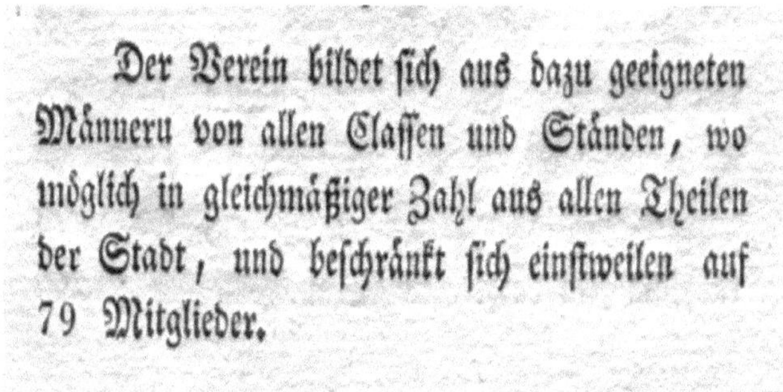
Der Verein bildet sich aus dazu geeigneten Männern von allen Classen und Ständen, wo möglich in gleichmäßiger Zahl aus allen Theilen der Stadt, und beschränkt sich einstweilen auf 79 Mitglieder.

Abb. 24: Auszug aus dem Reglement des Feuer-Rettungs-Vereins Wolfenbüttel (Niedersachsen), 1827

In der folgenden Zeit, aber auch schon in der o.g. Periode bis 1840, wurden daher aus der liberalen Bürgerbewegung heraus erneut über 60 neue Rettungsvereine, zusätzlich zu den vor oder sogar während der Herrschaft Napoleons entstandenen, gegründet.[106]

Diese auf freiwilliger Basis beruhenden Zusammenschlüsse waren Bürgervereine, aber im Gegensatz zu den bisherigen (Zunft-)Löschanstalten militärisch organisiert.[107]
Einige dieser Rettungsvereine verfügten zwischenzeitlich sogar über umfangreiches Gerät, das insofern Teil dieser Brandbekämpfungseinrichtung geworden war.[108] Sie hatten teilweise eigene Brandspritzen, und zu einem wesentlichen Gerät der Rettungs-

[106] FO 1811 Königsberg [Ostpreußen], 1814 Halberstadt, 1817 Elbing [Ostpreußen], 1818 Danzig [Pommern], 1818 Kassel,1820 Braunschweig, 1822 Magdeburg, 1822 Tilse [Ostpreußen], 1823 Göttingen, 1823 Hildes-heim,1824 Eppingen, 1826 Gifhorn, 1826 Reutlingen, 1827 Münster, 1827 Wolfenbüttel, 1829 Krefeld, 1830 Aschersleben, 1830 Stralsund, 1833 Einbeck, 1833 Nordhausen, 1835 Mühlhausen, 1835 Posen (Polen), 1836 Goslar, 1837 Celle, 1837 Gera, 1839 Weimar, 1844 Lemgo, 1845 Wetzlar, 1846 Elberfeld II, 1847 Osterrode, 1848 Augsburg, 1848 Görlitz, 1851 Amberg, 1851 Greußen, 1851 Marktredwitz, 1859 Barmen, 1860 Gleiwitz [Schlesien], 1860 Oettingen, 1861 Bremervörde,1884 Weißensee;
und nach den jeweiligen Chroniken: 1812 Memel [Ostpreußen], 1826 Göppingen, 1829 Arnstadt, 1830 Erlangen, 1831 Schwäbisch Gmünd,1835 Redwitz (Markt-), 1836 Bayreuth, 1836 Wismar, 1836 Sinzig , 1836 Elm (Niedersachsen), 1844 Breslau [Schlesien], 1845 Holzminden, 1848 Uelzen, 1852 Großenhain (Sachsen), 1852 Liegnitz, 1852 Erlangen II (Bayern), 1858 Meerane (Sachsen), 1867 Kattowitz [Schlesien], 1867 Trachenberg [Schlesien], 1874 Breitenbrunn, 1886 Landshut; siehe auch Fußnote 92

[107] Fleck, Egid, 1963: Gestalten aus dem Brandschutz- und Feuerwehrwesen in Baden und in Wurttemberg, Stuttgart 1963; Feuerwehr- und Turnerbewegung, CTIF Tagungsband 2011

[108] FO Braunschweig 1827, Nachtrag zu den Grundzügen und Anordnungen des hiesigen Rettungsvereines

vereine entwickelte sich auch der Rettungsschlauch, durch den Menschen aus Obergeschossen bis zum Erdboden gleiten konnten.[109]

Die Mitglieder übernahmen die Gerätschaften freiwillig und verpflichteten sich zur guten Aufbewahrung und zur schnellen Herbeischaffung bei einem Feuer.

Abb. 25: *„Häusern von Steigern und Löschmannschaften besetzt, a. das Retten eines Menschen vermittelst des Rettungsschlauches; b. Steigebaum, von Spritzenleuten besetzt; c. eine Dachleiter; d. Handspritzen auf dem Dache; e. das Hinaufziehen des Wassers mit der Rettungsleine; f. das Ersteigen der Hakenleiter; g. eine Wasserreihe durch eine Stube ins Hinterhaus; h. Rettungsmannschaft; i. das Abrutschen mittels der Rettungsleine und des Rettungshakens: k. das Ersteigen des Daches vermittelst eines 6 bis 10 Ellen langen Feuerhakens"*, 1860

Wie bereits ausgeführt, übernahmen die meisten Rettungsvereine nur Teilaufgaben im Feuerlöschwesen einer Stadt oder einer Gemeinde und waren infolgedessen keine Feuerwehren im eigentlichen Sinne.

[109] Hornung-Arnegg: Feuerwehrgeschichte; Konstrukteur war Peter Beis aus Hamburg 1808

Mit der Zeit wandelten sich jedoch die Rettungsvereine teilweise zu Feuerlösch- und Rettungsgesellschaften und übernahmen zum Teil sogar die gesamte Aufgabe des Feuerlöschwesens einer Stadt.[110]

Ihre Erfolge und ihre Bedeutung für die Entstehung der freiwilligen Feuerwehren wurden in Fachkreisen jedenfalls bereits frühzeitig erkannt. Dort hieß es: *„Im Brandfall leisteten diese Vereine aber oftmals Erstaunliches. Sie bereiteten den Boden für die Freiwilligen Feuerwehren ...“*[111]

So ging die 1805 in Ulm gebildete *„Bürgerliche Rettungs-Kompagnie bei entstehenden Feuersbrünsten“* erst 1853 in der Freiwilligen Feuerwehr auf.[112]

In Hamburg wurde sogar 1820 ein besoldetes Corps zur Menschenrettung mit 36 Mann in ständig besetzten Feuerwachen eingerichtet, aus Kostengründen jedoch um 1835 wieder eingestellt.[113]

Im Jahre 1836 bildeten 21 unverheiratete Männer in Sinzig eine Schützengesellschaft, deren Hauptzweck es war, *„bei Feuersbrünsten gefährdete Menschen und Mobilien zu retten, dieselben an einen sicheren, von der Gesellschaft bewachten Ort zu bringen und während des Brandes durch die Stadt zu patrouillieren, um Diebstähle zu verhindern.”*

Auch aus den Reihen dieser Schützengesellschaft wurde später (1887) eine Freiwillige Feuerwehr gegründet. Anfangs konnten nur unverheiratete Männer Schützen werden; später wurde dieses geändert.[114]

---

[110] Korschinsky, Frank / Habermaier, Frank / Springer, Reinhard / Dr. Nöllke, Matthias: Feuerwehr Augsburg. 150 Jahre Freiwillige Feuerwehr Augsburg, 100 Jahre Berufsfeuerwehr Augsburg, Augsburg 1999

[111] Korschinsky / Habermaier / Springer / Dr. Nöllke: Feuerwehr Augsburg

[112] Prager: florian 14: achter alarm!; siehe auch Nübling: Auf vieljährige Erfahrung gegründete Beobachtungen für für eine zweckmäßige Einrichtung der Rettungsanstalten bey entstehenden Feuersbrünsten; kurz vorher, im Jahre 1847, bildete Magirus als 1. Turnwart in Ulm einen Steigerzug, dem auch eine Spritze übertragen wurde.

[113] FO Hamburg 1820; Gihl, Manfred: Feuerwehr Hamburg. Eins-Eins-Zwo. 125 Jahre Berufsfeuerwehr in Hamburg, Erlensee 1997

[114] Lt. Chronik der St. Hubertus Schützengesellschaft Sinzig + Chronik FF Sinzig

In Schwäbisch Hall organisierte sich 1837 eine Gruppe der Salzsieder auf freiwilliger Basis erneut zu einem Löschverein, den *„Feurern“*.[115] 1847 wurde in dem ganzen Ort zusätzlich ein *„Pompier-Corps“* errichtet.

Ein Jahr später bildeten die Turner in Görlitz (Sachsen) einen Turn- und Rettungsverein.

Nicht wegzudenkende Grundlage und Vorreiter der Freiwilligen Feuerwehren waren folglich die Rettungsvereine. Die letzte bekannte Gründung eines Rettungsvereins erfolgte im Jahre 1886 in Landshut.

Mit dem Fortschreiten der Gründung der Freiwilligen Feuerwehren verschmolzen allmählich die Rettungsvereine und die Feuerlösch- und Rettungsgesellschaften mit diesen.

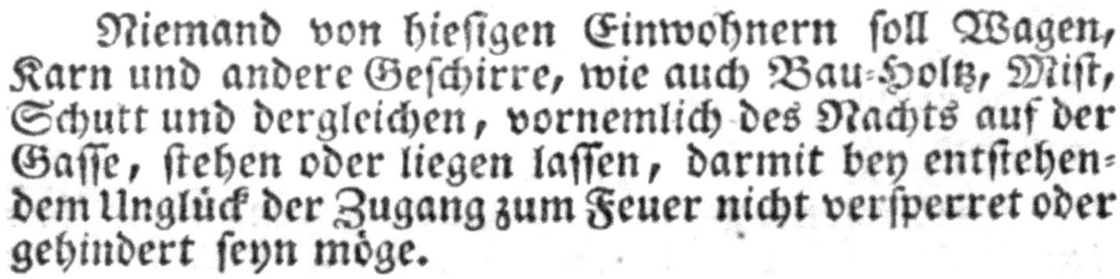
Niemand von hiesigen Einwohnern soll Wagen, Karn und andere Geschirre, wie auch Bau-Holtz, Mist, Schutt und dergleichen, vornemlich des Nachts auf der Gasse, stehen oder liegen lassen, darmit bey entstehendem Unglück der Zugang zum Feuer nicht versperret oder gehindert seyn möge.

Abb. 26: Augenscheinlich hatte man früher schon „Verkehrsprobleme“, Buttstädt (Thüringen), 1760

Andere Löschanstalten in dieser Zeit – eine Aufzählung

Im Gegensatz zu dem wiedererstarkten konservativen Preußen setzte sich in Süddeutschland teilweise ein liberales Bürgertum durch. Neben den vorbenannten Rettungsvereinen bildeten sich in dieser Zeit aber auch andere Vereinigungen zur Brand-

[115] Ob die *„ordinari Feurer“* um 1770 sich bereits freiwillig für diese Löscheinrichtung entscheiden konnten, konnte bis heute noch nicht zweifelsfrei geklärt werden. In der FO von 1731 heißt es u.a.: *„... mit Lob bestehen und den Nahmen Feurer mit der That führen mögen; wiedrigen falls so einer nicht rechtschaffen bezeugen würde / er nicht nur zur Straf gezogen / sondern auch mit Schand abgesetzt werden solle.“*

bekämpfung Von diesen sollen der Vollständigkeit halber nachfolgend einige wesentliche im Überblick aufgezählt werden.[116]

Im Rahmen einer Neuorganisation des Feuerlöschwesens in Saarlouis wurden 1811 durch den Stadtrat aus idealistischen *„Bürgern jeder Profession"* 60 Mann für eine *„Compagnie de Pompiers"* gewählt und nach dem Vorbild der Sapeurs-Pompiers der Kaisergarde installiert.[117]

Im Jahre 1822 gründeten 150 junge Bürger nach einem Brandunglück in Elbing (Ostpreußen, heute Polen) einen *„Feuer-Lösch- und Rettungsverein"*, der nachweislich noch 1864 bestand.[118]
Im gleichen Jahr wurden in Wallerfangen (Saarland) vom Landrat die Statuten einer freiwilligen „Feuerlösch-Kompanie" genehmigt.[119]

Neben dem Rettungsverein zum Löschen des Feuers wurde 1826 in Braunschweig (Niedersachsen) ein *„Löschverein"* gebildet, der nur ein Jahr später die Löschgeräte des Rettungsvereins übernahm.

Mit dem Ziel mehr Ordnung in das Feuerlöschwesen zu bringen, wurde in Saarburg (Rheinland-Pfalz) 1832 ein freiwilliger Löschverein ins Leben gerufen.

In der Gemeinde (Dresden-) Friedrichstadt wurde 1835 ein *„Feuerlösch- und Rettungsverein"* eingerichtet.[120] In demselben Jahr entstand als private Initiative die Spritzengemeinschaft Kierspe-Neuenhaus (Nordrhein-Westfalen, Märkischer Kreis), die sich selbst als die erste in Deutschland gegründete Feuerwehr bezeichnet.

Im Jahr 1836 wurde in Königslutter am Elm (Niedersachsen) ein *„Lösch- und Rettungsverein"* eingerichtet, in dem fast alle Bürger Mitglied waren.

---

116 Siehe darüber hinaus Anlage 1

117 Lt. Chronik FF Saarlouis + FO Saarlouis 1818

118 FO Elbing (Polen) 1827; europeana: 76. Bekanntmachung der Commission des Vereins vom 01.08.1864

119 Lt. Chroniken der FF Wallerfangen und der FF Saarburg

120 Lt. Chroniken FF Braunschweig + FF Saarburg; IG Feuerwehrhistorik Dresden: Geschichte der Feuerwehr Dresden

Ebenfalls im Jahre 1836 wurde in Aachen ein freiwilliges *„Brandcorps"* installiert, welches aus 8 Kompagnien, 1 Rettungs- und einer Handwerkerkompagnie bestand und noch im gleichen Jahr von dem damaligen Regierungspräsidenten verpflichtet wurde.[121]

In Burg (Solingen-) wurden am Ende desselben Jahres zwei *„Feuerlöschkompagnien"*, mit je 20 Freiwilligen aufgestellt.[122]

Ein Jahr später, 1837, bildete sich in Hülzweiler im Saarland ein Pompier-Corps (= Feuerwehr).

Im Jahr 1841 dann erfolgte in Meißen die Aufstellung eines freiwilligen „Feuerlösch- und Rettungscorps" aus 132 Personen. Dieses wird oft auch als erste freiwillige Feuerwehr Deutschlands nach dem heutigen Verständnis betitelt.[123]

1843 bildeten sich in Hanau ein freiwilliges Löschcorps und in Dortmund eine Feuer-Rettungsgesellschaft.[124]

In der preußischen Zeit von Posen (Preußen, heute Polen) wurde 1844 ein Freiwilliges Löschcorps eingerichtet.

Eine außergewöhnliche Gründung eines Freiwilligen Löschcorps fand 1845 in Offenbach statt. An einer Brandstelle übernahmen einige Turner rigoros eine Feuerspritze, weil diese mangelhaft bedient worden war.[125]

Im Jahre 1846 wurden vielerorts verschiedene Löschanstalten eingerichtet. In Heilbronn als freiwillige Einrichtung eine *„Hilfsmannschaft bei Feuersgefahr"*, in Durlach[126],

---

[121] Lt. Chronik FF Kierspe; FO Aachen 1836; Chronik FF Aachen

[122] Lt. Chroniken FF Königslutter + der Löscheinheit 8 in Solingen; 1869 und 1898 erfolgten wiederholte Neugründungen

[123] Lt. Chroniken FF Hülzweiler (Festschrift 1977) + FF Meißen; weiteres zu Meißen im folgenden Abschnitt

[124] Lt. Chroniken FF Hanau-Mitte + Dortmund (Festbuch 1901 – 2001)

[125] Lt. Chroniken FF Posen; preußische Zeit 1793–1918 + FF Offenbach

Isny und Rastatt jeweils ein „*Pompier-Corps*“, wobei man in Durlach andernfalls zwangsweise im allgemeinen „*Feuerlöschcorps*“ eingeteilt wurde.

Ferner in Heidelberg eine „*Steiger- und Löschmannschaft*“ als Unterabteilung des bestehenden Feuerpiquets (siehe später), in Leipzig anlässlich eines Großbrandes eine „*Freiwillige Turnerfeuerwehr*“, in Trier eine „*Feuerlöschgesellschaft*“.

Auch 1847 wurden gleich in mehreren Städten freiwillige Löschanstalten installiert, und zwar in Ettlingen ebenfalls ein „*Pompier-Corps*“, in Karlsruhe ein „*Verein zur Bildung einer freiwilligen Lösch- und Rettungsmannschaft*“, der bereits einige Monate später als „*Feuerwehr*“ bezeichnet wurde, in Reutlingen ein „*Lösch- und Rettungsverein*“, der seinen Namen aber noch im gleichen Jahr in „*Pompier-Corps*“ änderte, sowie in Baden-Baden, Eppingen, Ravensburg, Schwäbisch Hall, Tübingen und Ulm[127] jeweils ein „*Pompier-Corps*“.

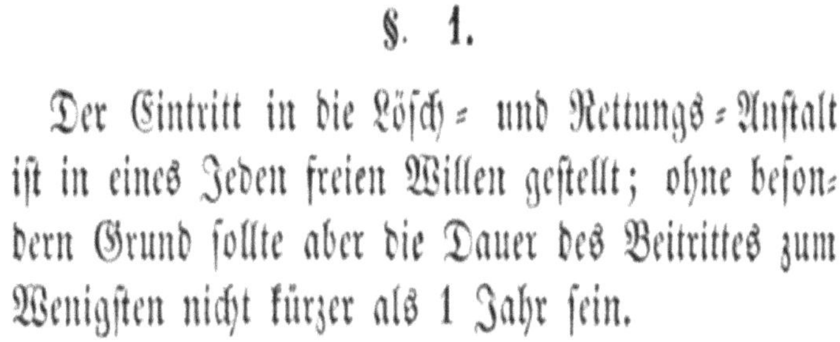

§. 1.

Der Eintritt in die Lösch- und Rettungs-Anstalt ist in eines Jeden freien Willen gestellt; ohne besondern Grund sollte aber die Dauer des Beitrittes zum Wenigsten nicht kürzer als 1 Jahr sein.

Abb. 27: Auszug aus den Statuten der Lösch- und Rettungsanstalt Heilbronn, 1847

In Heide (Schleswig-Holstein) bildete sich ein freiwilliges „*Brandcorps*“ aus 60 Mitgliedern und in Großenhain (Sachsen) eine 32 Mann starke Feuerlösch- und Rettungsabteilung.[128]

---

[126] Auf das in Durlach gegründete „*Pompier-Corps*“ wird später noch einzugehen sein, siehe Abschnitt „Neue Techniken in der Brandbekämpfung“.

[127] Dort zusätzlich zu einer bereits bestehenden Rettungsanstalt

[128] Lt. Chroniken der jeweiligen FF; Röcker, Bernd: 150 Jahre FF Eppingen 1997. Die Gründung der FF Eppingen, Eppingen 1997; darin die Gründung der FF Eppingen 1847.

Über dem Grab des Märtyrers Florian (gestorben 304), dem Patron der Feuerwehren, entstand aus einer Wallfahrtsstätte eine große Klosteranlage. Im Stift St. Florian (Österreich) existierte bereits seit 1835 eine Feuerwache im Falle eines Gewitters. Zwei Jahre später wurde daraus eine Art Pflichtfeuerwehr gebildet.

1847 gründete sich auf freiwilliger Basis die Stiftsfeuerwehr, für die eine pferdebespannte Spritze mit Saugrohr und Lederschläuchen angekauft wurde. Sie ist somit die älteste Feuerwehr Oberösterreichs.[129]

Bürgerwehren wandeln sich in Feuerlösch- und Rettungsanstalten

Noch bis weit in die (frühe) Neuzeit kannte man keine Polizei im heutigen Sinne. Die Menschen im Mittelalter schützten sich jedoch bereits vor Gesindel und brandschatzenden Banden und Räubern, indem sie Bürger-, Brand- und Nachtwachen einrichteten.

Vor allem in ländlichen Bereichen, aber auch in einigen Städten wurden diese Aufgaben teilweise auch von Schützenbruderschaften oder -gilden übernommen[130]. Darum enthielten alte Schützenordnungen oft die Bestimmung, dass neu Eintretende als Aufnahmegebühr einen ledernen Brandeimer abzuliefern hatten.[131]

Nach dem Spätmittelalter wurde die Verteidigung und Aufrechterhaltung der Ordnung der Städte überwiegend von bezahlten Söldnern übernommen. In Preußen regelte erstmalig das Allgemeine Landrecht von 1794 dass *„Die nötigen Anstalten zur Erhaltung der öffentlichen Ruhe, Sicherheit und Ordnung und zur Abwendung der dem Publico oder einzelnen Mitgliedern desselben bevorstehenden Gefahren zu treffen, ist das Amt der Polizei"*.

[129] Lt. Chronik FF Markt St. Florian

[130] 1120 Priviligierte Schützengesellschaft Goslar, 1139 Schützengilde Gymnich, 1190 Schützengilde Düsseldorf, 1192 Schützengesellschaft zu Oldenburg Holstein, 1198 Karlsschützengilde Aachen usw.

[131] Chronik des St. Sebastian Bürgerschützenvereins Wiedenbrück + Schützenvereins Welbergen 1629 e.V.

Im Gefolge der napoleonischen Kriege (Zusammenbruch der preußischen Armee, Soldatenaushebungen von Napoleon) mussten anstelle oder neben den städtischen Bürgerwachen in fast allen Städten und Märkten als Teil einer Volksbewaffnung *„Bürger-Militär-Corps"* eingerichtet werden, die dem Landesherrn unterstellt waren.

Abb. 28: Lederner Feuerlöscheimer, [Wuppertal-] Beyenburg, ca. 1875

Dieses aus der Waffenführungspflicht der Bürger hervorgegangene Bürgermilitär, das auch als *„Bürgerwehr, Bürgercompagnie, Stadtgarde oder Bürgergarde"* bezeichnet wurde, sollte auch *„die Feier politischer und religiöser Feste durch militärische Parade und Aufzug verschönern"*.[132]

Insbesondere aber sollte es zum Zwecke der Verteidigung ihrer Stadt und zur Aufrechthaltung der öffentlichen Ordnung und Sicherheit in folgenden Fällen eingesetzt werden: *„Bei Störung der öffentlichen Ordnung durch Aufruhr und Tumult sowie bei Gefährdung der öffentlichen Sicherheit durch Feuersgefahr, Wassernoth, Räuberbanden ec.ec. in der Stadt, deren Gemarkungen und Umgebung; – letzteres, wenn es sich um Abwendung eines Uebels handelt, wodurch die Stadt mittelbar bedroht ist."* Ihm oblag folglich auch bereits ein Teil der Brandbekämpfung.

[132] Grundgesetz des Bürger-Militär-Corps der Stadt Freiburg vom 17.09.1833, zuletzt geändert am 19.01.1934

Aber auch unabhängig von dieser verpflichtenden Volksbewaffnung entstanden in den unruhigen Zeiten des Vormärz[133] bis 1848 während oder im Anschluss an die diversen Kriege und Revolutionen einige Bürgerwehren, die an den jeweiligen Aufständen beteiligt waren.

Nach den Befreiungskriegen verteuerten sich die Lebensmittel aufgrund vieler Missernten extrem und führten zu Hungersnöten. Die Folge der steigenden Bevölkerungszahl war Massenarbeitslosigkeit. Die wirtschaftlich motivierte Auswanderung, überwiegend nach Amerika, wurde bald auch durch eine politische ergänzt. Die politische Unzufriedenheit größerer Bevölkerungsgruppen fand ihre Höhepunkte in Unruhen und deren jeweiligen Niederschlagungen.

Im Gefolge der Julirevolution in Frankreich von 1830 kam es in einigen deutschen Staaten zu tumultartigen Aufständen. Insbesondere erfasste die Revolution mit den Königreichen Hannover[134] und Sachsen, dem Herzogtum Braunschweig und dem Kurfürstentum Hessen jene Länder, die das Begehren nach Freiheit in energischer Weise unterdrückt hatten. Die Staaten im Süden von Deutschland waren zu dieser Zeit etwas liberaler.

Eine weitere Revolution in Frankreich im Februar 1848 löste in Deutschland im März desselben Jahres wieder gewalttätige Ausschreitungen, insbesondere durch die Bauernschaft, aus. Das deutsche Volk kämpfte für mehr Rechte und Freiheiten sowie ein einiges Deutschland. Vor allem im Anschluss an diese Revolution entstanden manche Bürgerwehren.

In Preußen wurde am 01. April 1848 sogar ein Bürgerwehrgesetz verabschiedet, das nahezu alle Bürger mit der Bestimmung zum Eintritt in eine Bürgerwehr in den Gemeinden verpflichtete, in Treue zum König die verfassungsgemäße Freiheit und gesetzliche Ordnung zu schützen.

---

[133] Als Vormärz werden die Jahre vor der Revolution, also 1830–1848, bezeichnet.

[134] Bertelsmann Chronik: Braunschweiger Bürger vertreiben den Herzog und setzen das Stadtschloss in Brand 1830, Frankfurter Sturm der Polizeiwachen 1833, Aufstand der schlesischen Weber 1844, Barrikadenkämpfe in Berlin + Parlament in der Pauluskirche1848; Auswanderungen insbesondere von 1840 – 1870.

Laut einer Denkschrift von Carl Metz sollten daher auch die Feuerwehren Teil der Bürgerwehr *„und eigens bewaffnet"* sein, woraufhin man in Heilbronn noch im Jahre 1848 vorübergehend die Feuerwehr bewaffnete und als „Pompier-Batallion" in die Bürgerwehr eingliederte.[135]

Auch in Ulm, wo Conrad Dietrich Magirus, der spätere Feuerwehrgeräte-Hersteller und Verfasser zweier Standardwerke zum Feuerlöschwesen, als Hauptmann einer Steiger-Compagnie der Feuerwehr tätig war, erfolgte auf deren Wunsch zeitweise eine Bewaffnung.[136] In Rastatt wurde das Pompier-Corps als 6. Kompanie ein Teil der Bürgerwehr und nahm aktiv an der Revolution teil.[137]

Rein militärisch betrachtet waren diese Bürgerwehren zwar kaum von Bedeutung. Ihre Ausrüstung war meist völlig unzulänglich und eignete sich allenfalls zur Einschüchterung mancher Störenfriede. Aus psychologischer Sicht aber war die nunmehr gesetzlich verankerte Verpflichtung zur Bildung von Bürgerwehren von großer Bedeutung. Der Bevölkerung wurde nicht nur subjektiv eine gewisse Sicherheit vermittelt, sondern vor allem das Gefühl gegeben, endlich von ihrer Herrschaft ernst genommen zu werden.

Anders als in den Städten war diese Begeisterung für die Volksbewaffnung auf dem Lande jedoch nicht gegeben. Die Kosten für die Bewaffnung und Bekleidung mussten aus eigenen Mitteln bestritten werden und auch die zeitlichen und finanziellen Einbußen durch Übungen trugen dort zur Abneigung gegen den Bürgerwehrdienst bei.

Mit dem Ende der Revolution im Jahre 1849 wurden die Bürgerwehren schließlich verboten. Idee und Begriff der Bürgerwehr verschwanden. Manche von ihnen überlebten jedoch in Nachfolge-Organisationen, wie etwa Feuerwehren.

Dies lag entweder daran, dass einige Vereinigungen, die zwar grundsätzlich auch vom Verbot der Bürgerwehren betroffen waren, durch die erfolgreiche Verhinderung von

---

[135] Festschrift: 150 Jahre Feuerwehr Heilbronn

[136] Haase, Joachim: Turner gründen Feuerwehren, CTIF Tagungsband 2011

[137] Weiser: Die deutsche Feuerwehr

Bränden bei Granateneinschlägen während der Belagerung der Bundesfestung in Preußen für Aufsehen gesorgt hatten – so z.B. das Pompier-Corps in Rastatt –; daran, dass ihre Existenz, wie z.B. die bereits entstandener Rettungs- und Löschanstalten[138], nicht mehr in Frage gestellt wurde, oder aber einige Vereinigungen versuchten nach dem Verbot der Bürgerwehr schlicht im Feuerlöschwesen ein neues Betätigungsfeld zu finden.[139]

Die bürgerschaftliche Orientierung insbesondere der freiwilligen Löschvereine wurde jedoch zu dieser Zeit durch Schikanen und andere Maßnahmen der Polizei in vielen Staaten unterdrückt.

So musste sich z.B. die erst 1849 aufgestellte Lösch- und Rettungsmannschaft in München bereits 1850 wieder auflösen, ähnlich wie auch die Feuerwehr in Nürnberg. Und die freiwillige *„Lösch- und Rettungsanstalt"* Heilbronn von 1847 wurde im Zusammenhang mit den Auswirkungen der Revolution 1852 zu einer Pflichtfeuerwehr mit freiwilligen Abteilungen umgewandelt.[140]

Diese Unterdrückung sowie die im Zusammenhang mit der bürgerlichen Revolution entwickelte ausgesprochene Abneigung gegen alles Militärische führten dazu, dass Gründungen von Freiwilligen Feuerwehren anfänglich nur sehr zögerlich erfolgten.

In der Zeit von 1850 bis 1855 zählte man im ganzen ehemaligen Römischen Reich Deutscher Nation nur 33 Gründungen von freiwilligen Feuerwehren.[141]

In Österreich gab es neben der besoldeten Löschanstalt in Wien und dem besoldeten *„Pompier-Corps"* in Graz bis 1860 sogar nur drei Freiwillige Feuerwehren, und zwar in Reichsstadt (Tschechien) und Linz sowie das *„freiwillige Rettungskorps"* in Innsbruck.[142]

---

138 Deren versierte Feuerwehrleute sich zuvor der Revolution angeschlossen hatten und deshalb verurteilt wurden oder flohen

139 Siehe Chronik der Feuerwehr Ettlingen und deren Gründer P. A. Thiebaut

140 CTIF Tagungsband 2011,Böhm, Siegfried: Feuerwehr- und Turnerbewegung; Fleck, Egid: Turner standen an den Wiegen von Freiwilligen Feuerwehren

141 Magirus.: Das Feuerlöschwesen im allen seinen Theilen.

142 Bundesfeuerwehrverband.at: Reichsstadt 1851, Linz 1851, Innsbruck 1857

Nach den ohnehin nur zögerlichen Gründungen freiwilliger Feuerwehren führten weitere Unzulänglichkeiten zusätzlich auch noch zu deren baldiger Wiederauflösung oder Ersetzung durch Pflichtfeuerwehren: *„So lange der Reiz der Neuheit mitwirkte, stand der freiwilligen Feuerwehr alles zur Verfügung, im Laufe der Zeit hat die anfängliche Opferwilligkeit da und dort, besonders in kleinen Orten, so abgenommen, dass man wieder zu Pflichtfeuerwehren greifen musste.*

Zu einem solchen Rückschlag kann vieles mitwirken: Missgriffe bei der Wahle der Chargirten, Mangel an Unterstützung der Sache seitens der Ortsbehörden, oder Hereinziehen gehässiger politischer Parteikämpfe; auch dass man jahrelang Dienste leiste, zu denen nach dem natürlichen Rechtsgefühl alle gleichmäßig verpflichtet wären, dem sich aber Einzelne entziehen. “[143]

So löste sich z.B. der Löschverein in Braunschweig von 1826 im Jahre 1865 wieder auf und das 1841 in Meißen gebildete „Freiwillige Feuerlösch- und Rettungs-Corps“ wurde 1861 durch eine Pflichtfeuerwehr ersetzt.

Eine erwähnenswerte Besonderheit stellte die Einrichtung von sogenannten „Feuer-Piquets“[144] dar. Ein Teil einer militärischen Wachmannschaft war nämlich dazu bestimmt, bei ausgebrochener Feuersbrunst sogleich an die Brandstätte zu eilen, um Diebstahl und Unordnung zu verhindern. Während dies in größeren Städten Aufgabe des Militärs war, wurde diese in allen anderen Fällen der Landwehr[145] übertragen.

Später bildeten sich auf freiwilliger Basis in fast allen Städten *„Sicherheitsvereine“*, die diese Aufgaben übernahmen. Als Bewaffnung durften diese infolge der Revolution nur einen *„Hirschfänger“*, eine Art langes Messer tragen.[146]

---

[143] Magirus: Das Feuerlöschwesen im allen seinen Theilen

[144] Königliche Entschließung vom 07.01.1808

[145] Preußen führte 1813 eine allgemeine Wehrpflicht ein. Die nicht Eingezogenen konnte sich zu Freiwilligen Jägerverbänden, auch Jägerdetachements genannt, zur Verstärkung der Truppen melden oder waren ansonsten dem neu gebildeten Aufgebot der Landwehr, also der letzten Landesreserve, zu geteilt. In anderen Ländern gab es dafür auch den Begriff Landmiliz oder Landsturm; die Bezeichnung Landwehr wurde dort nur für die Einziehung von Freiwilligen (Freikorps o.ä.) verwendet..

[146] FO Barmen [Wuppertal-] Nordrhein-Westfalen 1829, FO Danzig [Pommern] (Polen) 1843, lt. Chronik FF Waltenhofen (Bayern) 1870; weitergehend dazu später

Neue Techniken in der Brandbekämpfung

Nachdem bereits in der frühen Neuzeit infolge verschiedener Neuerungen und Verbesserungen, u.a. der Entwicklung von Feuerspritzen, zunehmend Löscherfolge zu vermerken waren,[147] gab es auch im weiteren Verlauf der Neuzeit bedeutsame neue Techniken in der Brandbekämpfung.

So wurde von Johannes Buhl, dem Chef der *„Rettungsgesellschaft in Feuersgefahr"* von 1831 in Schwäbisch Gmünd, erstmals die sog. Hakenleiter verwendet. Eine relativ kleine Leiter, mit der man bei paarweiser Anwendung Fassaden mit übereinander liegenden Fensteröffnungen in beliebiger Höhe ersteigen konnte.[148] Die Einsatzgrenzen von Hakenleitern stellen jedoch Balkone[149], Erker und Dachvorsprünge dar und schließen somit grundsätzlich Einsätze in Dachgeschossen oder Dächern aus.

Ein Jahrzehnt später, im Jahre 1842, gründete Carl Metz dann in Heidelberg eine Werkstatt für Lösch- und Rettungsgeräte. Dort entwickelte er – vermutlich nach französischem Vorbild, da diese dort bereits zur Standardausrüstung der Feuerwehren zählte (inzwischen gab es auch im Feuerlöschwesen Fachliteratur) – u.a. die *„Pompierspritze"*, die auch als Stadtspritze bezeichnet werden konnte.

Dabei handelte es sich um eine Abprotzspritze für insgesamt zwölf Mann Bedienung,[150] eine Kombination aus Fahrgestell und Spritze, die nahe der Brandstelle voneinander getrennt wurden und wovon die Spritze dann von sechs Mann zum Feuer getragen wurde. Diese industriell gefertigte Spritze war oft – aber nicht immer – bes-

---

[147] Siehe dazu den Abschnitt Erste Fortschritte in der Brandbekämpfung

[148] Bereits 1690 stellte van der Heide eine Hakenleiter dar, wie Fig. 20 in Magirus: Das Feuerlöschwesen in allen seinen Theilen, aufzeigt. Johannes Buhl gehörte 1862 zu den Gründungsmitgliedern des Württembergischen Feuerwehrverbandes, dessen Vorsitz er von 1879 bis 1882 führte.

[149] Balkone, im südlichen Raum auch als *Schrot* oder *Gangl* bezeichnet, waren, – abgesehen von Erscheinungsbalkonen – erst seit der Mitte des 19. Jahrhunderts in den Städten Deutschlands populär, als man die Geruchsbelästigungen in den Straßen durch Kanalisation in den Griff bekam.

[150] Diese Mannschaft bezeichnete er teilweise bereits als eine Feuerwehr; Strumpf: Biografie Carl Metz; Paulin, Paris, Handbuch des Feuerlöschwesens, 1845; 2007, vfdb Referat 11; siehe auch Schreiben von Metz an Rasp vom 21.03.1849; Biografisches Handbuch zur deutschen Feuerwehrgeschichte, 2014, vfdb Referat 11.

ser als Einzelanfertigungen, denn es gab zu dieser Zeit auch schon andere gute Spritzen, mit denen ein Brandherd effektiv angegriffen werden konnte. [151]

Die Tätigkeit von Carl Metz war jedoch mit der Fertigung von Feuerwehrgerät nicht erschöpft. Er erwies sich nämlich als geschickter Verkäufer, denn er kümmerte sich auch um den Vertrieb dieser Gerätschaften. Er bot als Marketingstratege auf vielen Reisen z.B. die *„Pompierspritze"* zum Verkauf sowie Einweisungen in ihre Bedienung an.

Dabei erzählte er jedoch nicht nur von seinen Produkten, sondern gab permanent Vorführungen bei Stadtverwaltungen der auch Turnfesten und demonstrierte dort die Nutzungsmöglichkeiten der Feuerspritzen.

Seit 1843 warb er – vor allem bei den Turnern – zudem ständig für die Bildung von Vereinen – den späteren Feuerwehren – um die Bedienung der Spritzen umfassenden, regelmäßigen Üben der Brandbekämpfung. *„Gott zur Ehr – dem Nächsten zur Wehr"* lautete sein Wahlspruch.

Diese Bemühungen wurden nach einer spektakulären Vorführung bei der Pariser Weltausstellung 1855 auch belohnt. Carl Metz erhielt die Goldene Ehrenmedaille und von nun an florierte sein Geschäft auch europaweit.

Schon vor dieser Ehrung aber wurde die Bedeutung der Entwicklung u.a. dieser Pompierspritze sowie der o.g. Hakenleiter deutlich. Im Jahre 1846 nämlich gründete Christian Hengst in Durlach ein Pompier-Corps, das militärisch und nach einem bestimmten System ausgebildet war.

Das Ausbildungssystem für etwa 50 Mann basierte darauf, dass jeder Mann nur eine einzige Aufgabe hatte, ein sogenanntes Nummernsystem,[152] welches folglich auch systematisch nach einer Befehlsstruktur geübt werden konnte.[153]

---

[151] Siehe auch Abb. 12 und 32; Nestler, Martin: Conrad Dietrich Magirus, Erfurt, 2011: 1867 wurde die Spritze von Magirus bei der Weltausstellung in Paris ausgezeichnet

[152] siehe hierzu Abb. 15 und 30

Abb. 29: Ulm, Brand des Hallamt-Gebäudes 1853, ganz links im Bild eine Hakenleiter und davor eine sogenannte Stadtspritze, rechts augenscheinlich eine bereits abgesetzte (Abprotz-) Spritze

Aufgrund dieser systematischen Ausbildung, Verwendung von Hakenleitern und der Pompierspritze der Firma Metz gelang diesem Pompier-Corps bereits im Jahr 1847 bei einem Theaterbrand in Karlsruhe ein außergewöhnlicher Löscherfolg. Es wurde danach weit über die Landesgrenzen bekannt.

Die personelle Trennung aller Aufgaben, das starre Nummernsystem in Verbindung mit dessen Einstudierung, hatte jedoch den Nachteil, dass das Personal bei Abwesenheit oder irgendwelchen Ausfällen nicht mehr ausgewechselt werden konnte.

[153] Strumpf, Günter: Biografie Christian Hengst, vfdb Referat 11, 2007; in der FO Leipzig 1780 ist auch ein Nummernsystem für die Schlangenspritzen aufgeführt, aber in der FO von 1837 nicht mehr enthalten; siehe auch Anm. 79

Obwohl dieser *„preußische Drill“* in den Revolutionsjahren auch teilweise als *„Soldatenspielerei“* abgetan und sehr kritisch hinterfragt wurde, kamen bald auch von zahlreichen Nachbargemeinden Anfragen über die Einrichtung und das Exerzitium des Corps in Durlach.

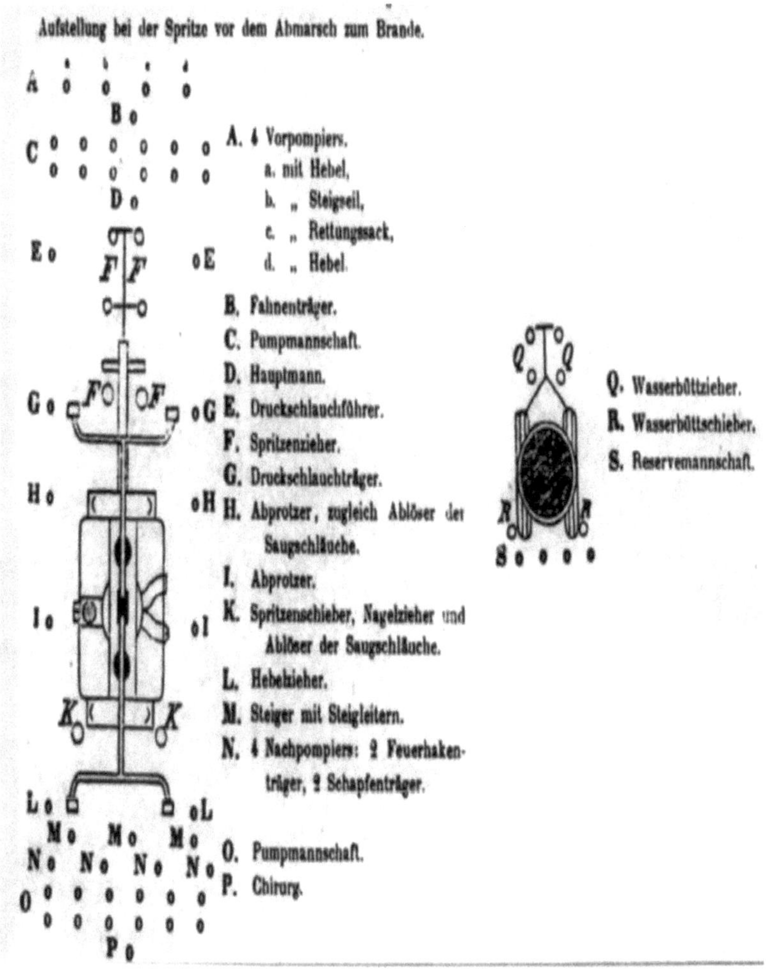

Abb. 30: Das Nummernsystem von Christian Hengst in Durlach 1846. Benötigt werden mindestens 50 Mann für die Arbeitsaufgaben. Später stritten sich Hengst und Carl Metz in der Presse, wer das Pompier-Corps in Durlach gegründet hätte.

Die Wittkittels in Hamburg waren 1728 mit 20 Mann einer Spritze (siehe Abb. 16) zugeordnet. Metz benötigte 1842 nur 12 Mann, ohne das Personal beim Wasserbehälter analog den Stadtposten der Pariser Feuerwehr für die Bedienung der Spritzen; ab 1850 forderte aber auch Metz 50 Mann für eine erfolgreiche Brandbekämpfung.

In Abwandlungen setzte sich bald das exerziermäßige Ausbildungssystem durch. Dass dieses teilweise sogar bis zur Pedanterie betrieben wurde, zeigt z.B. folgender Auszug: *„Nr. 2 tritt halb links an Utensilienkasten, öffnet denselben, nimmt die Schlauchscheere, hängt dieselbe über das Ellbogengelenk des linken Armes, schließt den Utensilienkasten, nachdem Nr. 1 die Fangleine genommen, und stellt sich 1 Schritt von der Spritze und ½ Schritt von der Kastenschraube, die linke Schulter rechtwinklich gegen die Spritze, auf.“*[154]

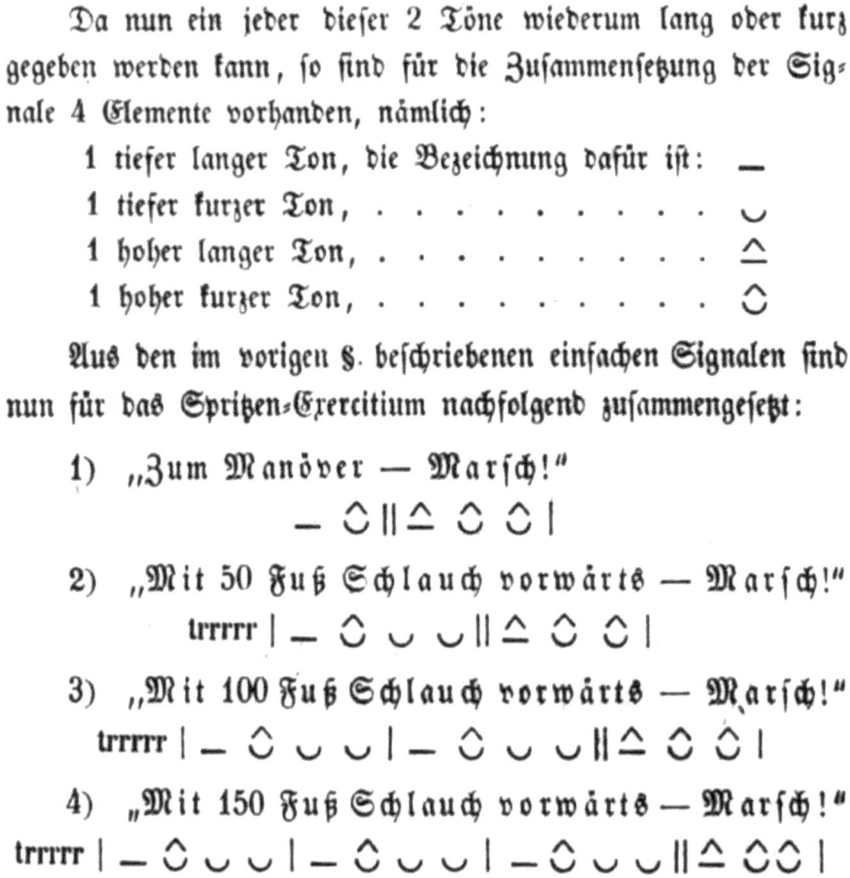

Da nun ein jeder dieser 2 Töne wiederum lang oder kurz gegeben werden kann, so sind für die Zusammensetzung der Signale 4 Elemente vorhanden, nämlich:

1 tiefer langer Ton, die Bezeichnung dafür ist: —
1 tiefer kurzer Ton, ... ◡
1 hoher langer Ton, ... ≙
1 hoher kurzer Ton, ... ◡̂

Aus den im vorigen §. beschriebenen einfachen Signalen sind nun für das Spritzen-Exercitium nachfolgend zusammengesetzt:

1) „Zum Manöver — Marsch!“
— ◡̂ || ≙ ◡̂ ◡̂ |

2) „Mit 50 Fuß Schlauch vorwärts — Marsch!“
trrrrr | — ◡̂ ◡ ◡ || ≙ ◡̂ ◡̂ |

3) „Mit 100 Fuß Schlauch vorwärts — Marsch!“
trrrrr | — ◡̂ ◡ ◡ | — ◡̂ ◡ ◡ || ≙ ◡̂ ◡̂ |

4) „Mit 150 Fuß Schlauch vorwärts — Marsch!“
trrrrr | — ◡̂ ◡ ◡ | — ◡̂ ◡ ◡ | — ◡̂ ◡ ◡ || ≙ ◡̂ ◡̂ |

Abb. 31: *„Zur möglichst raschen und weit hörbaren Verbreitung der Kommandos sind für mehrere derselben Signale eingeführt. Dieselben werden mit einer Signalpfeife gegeben, welche überhaupt 2 Töne zu geben im Stande ist, einen hohen und einen tiefen Ton, letzterer wird durch Zuhalten des unten in der Pfeife befindlichen Loches mittelst des Zeigefingers hervorgebracht.“*, Berlin 1854

[154] Scabell, Carl Ludwig: Instuctions-Buch und Exercier-Reglement für die Mannschaften der Feuerwehr von Berlin, Berlin 1854, Seite 114

Die Bezeichnung Feuerwehr

Aufgrund des Erfolges des Pompier-Corps von Durlach 1847 wurde in Karlsruhe noch im gleichen Jahr ein Verein zur Brandbekämpfung gebildet und die lokale Zeitung berichtete darüber: *„Heute nachmittag legte die Mannschaft der neu gebildeten hiesigen Feuerwehr eine Probe ihrer Tüchtigkeit ab."*

Diese Erwähnung der Bezeichnung *„Feuerwehr"* in der Karlsruher Zeitung und auch in einer Tübinger Zeitung[155] gilt in verschiedenen Kreisen im Zusammenhang mit dem neuen Ausbildungssystem als *„Geburtsstunde"* der freiwilligen Feuerwehr, weil angeblich bei allen anderen früheren freiwilligen Brandbekämpfungseinrichtungen geordnete Strukturen, die Spritzen mit Windkessel, Saugwerk und beweglichen Schläuchen (Schlangen), vor allem aber Steiger mit ihren Hakenleitern fehlten.[156]

Ob die Bezeichnung Feuerwehr nicht ggf. auch in einem Zusammenhang mit den bereits zuvor in den unruhigen Zeiten des frühen 19. Jahrhunderts gebildeten Bürgerwehren oder sogar mit der Landwehr in den Befreiungskriegen steht, ist umstritten.

Jedenfalls schien der Begriff dem Feuer *„wehren"*, der s.o. doch eigentlich schon über mehrere Jahrhunderte in den Feuerordnungen verwendet worden war, seit der napoleonischen Zeit bis zu diesem Karlsruher Zeitungsartikel augenscheinlich in Vergessenheit geraten zu sein.

Denn so wurden z.B. noch 1827 ein Buch mit dem Titel *„Brandwehr- und Rettungsanstalt für Dörfer"* herausgegeben[157] und sogar noch am 01.01.1847 in einer staatswissenschaftlichen Zeitschrift ein nationalistischer Artikel mit der Überschrift *„Feuerlandwehr statt Feuerlandsturm"* veröffentlicht, in welchem jeder Staatsbürger vom 18. bis zum 60. Lebensjahr in ein *„Feuer-Corps"* verpflichtet werden sollte, da *„die mili-*

---

155 Karlsruher Zeitung vom 19.11.1847 mit dem Bericht vom 17.11.1847

156 Vortrag vfdb in Essen 04.10.2004; Spritzen in vielen Varianten gab es jedoch zu dieser Zeit schon, wie im Abschnitt „Erste Erfolge in der Brandbekämpfung" aufgeführt, ebenso eine Vielzahl von Leitern unterschiedlicher Länge und Ausführung – auch mit Gabeln zur Unterstützung – sowie Dachleitern, wie die FO aufzeigen.

157 Hensoldt, Heinrich Christoph: Brandwehr- und Rettungsanstalt für Dörfer, Hildburghausen 1827 [siehe Baumstark, Eduard: KameralistischeEncyclopädie, Heidelberg 1935]

tärischen Bürgercorps bei uns zu einer, des Bürgers unwürdigen, sehr kostbaren, oft dem ökonomischen Stand der Betheiligung untergrabenen Tändelei herabgesunken sind ... und um das Feuergewehr zu einer Nationalwaffe zu erheben"[158]

Aufgrund der fraglichen Glaubhaftigkeit journalistischer Verfahrensformen ist nicht unzweifelhaft, inwieweit man der Definition des Begriffs *„Feuerwehr"* einen Zeitungsbericht zugrunde legen kann.[159]

Es setzte sich dennoch seit dieser Erwähnung in der Karlsruher Zeitung die Bezeichnung Feuerwehr für eine Brandbekämpfungsorganisation langsam schrittweise durch. Erstmals amtlich verwendet wurde sie im Badischen Bürgerwehrgesetz von 1848.[160]

Genau genommen ist die Wortschöpfung „Feuerwehr" sprachlich gesehen nicht ganz korrekt. Man muss nicht jedem (Ofen-)Feuer wehren, also Widerstand leisten, sondern nur den Bränden, d.h. unkontrollierten Schadenfeuern, welche früher landläufig als *„Feuersbrunst"* bezeichnet wurden.

Nebenbei bemerkt wurde der Feuerlöschdienst in den Landgemeinden vom Amt Münster noch bis 1906 jeweils durch eine *„Brandwehr"* ausgeübt.[161]

Das Pompier-Corps in Durlach nahm übrigens erst nach 1851 die Bezeichnung *„Freiwillige Feuerwehr Durlach"* an.[162] In Meißen wurde die Bezeichnung *„Feuerlösch- und Rettungskorps"* bis 1861 beibehalten[163] und noch 1872 wurde das Feuerlösch-Corps in Hamburg in ein *„permanentes Corps"* (Berufsfeuerwehr) und zwei *„temporaire Corps"* eingeteilt.[164]

---

158 Volz, Hans: Zeitschrift für gesamte Staatswissenschaft, 01.01.1847

159 Strumpf, Günter: Kurze Geschichte der Feuerwehr, Referat 11, Brandschutzgeschichte, Bericht Nr. 23 des vfdb; siehe hierzu auch Anmerkung 147ff

160 Gesetz vom 03.04.1848 Großherzogtum Baden – danach wurden Männer nur im Brandfall von ihren Pflichten in der Bürgerwehr befreit; siehe auch Weiser, Carl: Die deutsche Feuerwehr, 1855

161 Es waren ca. 70 Gemeinden, Verband der Freiwilligen Feuerwehren NRW e.V., Verbandsarchiv

162 Festschrift zur Feier des 50-jährigen Bestehens der FF Durlach 1846 – 1896

163 Wucke: Gebrochen ist des Feuers Macht

164 Hamburger Feuerwehr-Historiker e.V.:1. Jahresbericht der Feuerwehr zu Hamburg

Die bereits von Metz angeregte Bildung von Vereinen zwecks regelmäßiger Übung der Brandbekämpfung (s.o.), die nunmehr als freiwillige *Feuerwehren* bezeichnet wurden, fand erst durch die von Magirus veranlassten Versammlungen süddeutscher Feuerwehren, welche später als Deutsche Feuerwehrtage bezeichnet wurden, einen enormen Auftrieb.

Die erste Versammlung im Jahr 1853, an der 10 Feuerwehren teilnahmen, fand in Plochingen (Baden-Württemberg) statt.[165] Zielsetzung war ein Wissens- und Erfahrungsaustausch insbesondere auch zum aktuellen Stand der Technik im Feuerlöschwesen. Der erste Deutsche Feuerwehrtag fand 1854 bereits unter Beteiligung von 20 süddeutschen Feuerwehren in Ulm statt.

Zu vielen weiteren Gründungen von freiwilligen Feuerwehren führten in der zweiten Hälfte des 19. Jahrhunderts dann auch die Veröffentlichungen von Carl Weiser und Conrad Dietrich Magirus.[166]

Da man im Jahr 1862 inzwischen die große Zahl von 135 Feuerwehren zählte, regte man auf dem 5. Deutschen Feuerwehrtag in Augsburg an, sich zu einer reduzierten Anzahl größerer Einheiten zusammenzuschließen. Dies war der Beginn der Landes- und Provinzialfeuerwehrverbände.

Den Kreis-, Landes- und Provinzialfeuerwehrverbänden konnte außerdem jede Art Turner- oder freiwillige Feuerwehr, sogar freiwillige Werkfeuerwehren, beitreten.[167] Der Nachweis irgendeiner Leistungsfähigkeit war nicht erforderlich. Auch das Jahr und Datum der Gründung, welches in den jeweiligen Statistiken erfasst wurde, hatte jede Brandbekämpfungseinrichtung eigenverantwortlich anzugeben.

---

[165] Es trafen sich die Feuerwehren von Ellwangen, Esslingen, Göppingen, Heilbronn, Kirchheim u.T., Reutlingen, Schorndorf, Stuttgart, Tübingen und Ulm

[166] Magirus, Conrad-Dietrich: Alle Theile des Feuerlöschwesens, Ulm 1850; Weiser: Die deutsche Feuerwehr

[167] Jung, Ludwig: Das Feuerlöschwesen in Markt- und Landgemeinden, München 1869, Satzung des Landes-Vereins der bayrischen Feuerwehren; Satzung des Verbandes der Freiwilligen Feuerwehren Rheinlands und Westfalen, Mülheim, 1869, § 2; Statistiken des Rheinisch-Westfälischen Feuerwehrverbandes 1879 –1887

Abb. 32: Nicht nur Metz konnte gute Spritzen herstellen, hier eine Spritze von Pothmann, Elberfeld, 1843

Indirekt veranlassten die Feuerwehrverbände infolge ihrer Satzungen, ihrer Tagungen, Vorführungen und den Berichten in den jeweiligen Fachzeitschriften, dass die vorhandenen und auch die neuen Brandbekämpfungseinrichtungen die Bezeichnung „Feuerwehr" annahmen.

Bald wurde infolgedessen fast jede Rettungs- und Feuerlöscheinrichtung als Feuerwehr bezeichnet. Dies wird deutlich an den Turnern, die die kommunalen Feuerlöschanstalten nur in Teilbereichen unterstützten, sich selbst aber als Turnerfeuerwehr bezeichneten.[168]

Die deutschen und/oder französischen Bezeichnungen für ältere Löschanstalten wurden einfach nicht mehr erwähnt und gerieten somit offensichtlich in Vergessenheit.

Schon wenige Jahrzehnte später wurde der Begriff „Feuerwehr" mit größter Selbstverständlichkeit allgemein und auch für frühe Brandbekämpfungseinrichtungen verwendet, wie z.B. in einer Zusammenstellung der freiwilligen Feuerwehren im Königreich Württemberg in der „Deutschen Feuerwehrzeitung" von 1861.[169]

---

168 Kubitza, Oliver: Artikel in der Feuerwehrchronik, 10. Jahrgang, 31.03.2014

169 Deutsche Feuerwehrzeitung Nr. 19 vom 10.05.1861; fünf frühe Löscheinrichtungen wurden einfach als freiwillige Feuerwehren aufgelistet

Die Negierung von frühen Bezeichnungen für Löschanstalten wurde bereits 1881 in Meißen mit einer Gedenktafel mit folgender Inschrift (Auszug) zementiert: *„Zur Erinnerung an die Gründung der 1. deutschen freiwilligen Feuerwehr zu Meissen am 17. Juli 1841.“*[170]

Des Weiteren begannen 1895 in einer Danziger Feuerwehrfachzeitschrift[171], einem offiziellen Organ der Landes-Verbände Preußen und Mecklenburg und 42 anderer Verbände sowie in der Barmer Wochenschrift für das Feuerlöschwesen „Der Feuerwehrmann„, jeweils Berichtsserien wie folgt: *„Die älteste freiwillige Feuerwehr in Deutschland behauptet die Barmer Wehr zu sein und beabsichtigt diese Behauptung zu beweisen...“*

Denn im selben Jahr fand in [Wuppertal-] Barmen der 18. Rheinisch-Westfälische Verbandstag und gleichzeitig die Feier des 150-jährigen Jubiläums der Freiwilligen Feuerwehr Barmen statt.[172] An dem Festzug zum Jubiläum nahmen fast 100 Wehren mit insgesamt fast 3.000 Feuerwehrleuten teil.

Auch die Feuerwehr Durlach verneinte teilweise seine Gründung als Pompier-Corps und feierte 1896 sein 50-jähriges Bestehen als Freiwillige Feuerwehr Durlach (siehe hierzu auch das Vorwort und nachfolgende Abb. 33).[173]

Historisch gesehen war die Nomination „Freiwillige Feuerwehr“ für frühe Löscheinrichtungen und deren Jubiläen nicht ganz korrekt, sofern deren Gründungsdaten vor der frühesten Erwähnung des Namens „Feuerwehr“, also vor November 1847 lagen.

Aber der Ausdruck hatte sich einfach auch für frühe Löschanstalten überall eingebürgert und gewann somit eine gewisse Existenzberechtigung quasi als ein Effekt einer Daseinsberechtigung.

---

170 Die Inschrift lautet weiter: *„Errichtet am Hause des 1. Feuerlösch-Hauptmanns Friedr. Aug. Kentzsch am 17. Juli 1881.“*

171 Blecher, Hermann, Oberst der Freiwilligen Feuerwehr Barmen in *„Der Norddeutsche Feuerwehrmann“*, Zeitschrift, Danzig 1895, XIII 2,

172 Die Stadtverordneten Versammlung der Stadt Barmen hatte in ihrer 39. Sitzung im Jahr 1894 einen Zuschuss für die Kosten des 150-jährigen Jubiläums der freiwilligen Feuerwehr bewilligt.

173 Festschrift zur Feier des 50-jährigen Bestehens der FF Durlach 1846 – 1896

Das wird auch daran erkennbar, dass in keiner der aufgeführten Veröffentlichungen und in keiner der Publikationen oder in Fachzeitschriften der Benennung „Freiwillige Feuerwehr“ für Löscheinrichtungen vor 1847 widersprochen wurde.

Abb. 33: Titelblatt der Festschrift zur Feier des 50-jährigen Bestehens der „FF Durlach„ 1896

Gegen Ende des 20./Anfang des 21. Jahrhunderts flackerte in verschiedenen Kreisen die Meinungsverschiedenheiten hinsichtlich des Begriffs „Feuerwehr“ plötzlich wieder auf. Durlach wurde von einigen Historikern sogar angeblich verbindlich als *„erste Feuerwehr in Deutschland“* definiert und dieses obwohl, wie bereits erwähnt, die Gründung 1846 als *„Pompier-Corps“* erfolgte und die Bezeichnung freiwillige Feuerwehr erst 1851 übernahm.[174]

Übrigens feierten oder feiern auch heute noch, also Anfang des 21. Jahrhunderts, viele freiwillige Feuerwehren ihr 175-jähriges oder noch älteres Jubiläum, weil sie sich mit dem Ziel „Feuerwehr“ identifizieren.[175]

---

174 Hermann, Karl: Bericht in der Zeitschrift Brandhilfe, Ausgabe 9/2015

175 Siehe google: 175 Jahre FF; u.a. Landesfeuerwehrverband Sachsen mit Meißen; nicht zu verwechseln mit 175 Jahre Feuerwehr in einer Gemeinde

Nicht nur der Begriff der freiwilligen Feuerwehr breitete sich in der zweiten Hälfte des 19. Jahrhunderts rasant aus, sondern auch die Institution als solche. Die Freudenbekundungen der Einwohner beim sechsten deutschen Feuerwehrtag 1865 in Leipzig, die für Jahrzehnte unerreichte Teilnehmerzahl, die vielen Übungen und die Darstellung von Neuigkeiten in der Feuerwehrausstellung erhöhte die Motivation zur Gründung von Freiwilligen Feuerwehren in Deutschland.

In Bayern wurde für ländliche Gemeinden 1867 eine Feuerlöschordnung erlassen, die im gesamten Königreich zu einer enormen Gründungswelle von freiwilligen Feuerwehren führte.

Und dennoch: *„Die Existenz einer Freiwilligen Feuerwehr war noch lange keine Garantie für den Erfolg der Brandbekämpfung. Oft reichten die eigenen Kräfte nicht aus; so verfügten die Wehren meist über eigene Feuerreiter, die bei großen Bränden in die Nachbarorte entsandt wurden, um Hilfe zu erbitten.“*[176]

Turner übernehmen Aufgaben im Feuerlöschwesen: „Turnerfeuerwehren?“

Nachdem Friedrich Ludwig Jahn die Turnbewegung begründet hatte, indem er erstmals die Gesamtheit aller Leibesübungen insbesondere auch an Geräten als Turnen bezeichnet hatte, sah er das Turnen infolge der Besetzung Europas durch Napoleon bald in engem Zusammenhang mit politischen Zielen: der Befreiung Preußens aus der französischen Unterdrückung unter Napoleon und der anschließenden Schaffung eines deutschen Nationalstaats. Und so wurde das Turnen ab 1811 eine Schule der patriotischen Erziehung der Jugend zur Vorbereitung auf den Befreiungskrieg.

Da neben der körperlichen Ertüchtigung eben auch die Gründung eines Nationalstaats, also im Endeffekt die Abschaffung der Partikularstaaten oder zumindest die Einschränkung von deren Souveränität, erstrebt wurde, galt die Turnbewegung als staatsfeindlich.

---

[176] Engelsing, Tobias: Im Verein mit dem Feuer, Konstanz 1990

Dies,[177] die enge Verbindung zu dem frühen Burschenschaftswesen und nicht zuletzt die Ermordung des Schriftstellers und russischen Generalkonsuls August von Kotzebue lösten im Jahre 1819 ein Turnverbot, die sog. Turnsperre, aus. Nach deren Aufhebung 1842 bildeten sich wieder Turnvereine, nun aber aus Erwachsenen und politisch hochmotiviert *„für die Einheit des deutschen Volkes"*.[178]

Möglicherweise auch aufgrund der bereits 1843 betriebenen Werbung von Carl Metz,[179] jedenfalls aber aufgrund der oftmals noch verheerenden Brandereignisse in den Gemeinden und Städten und der körperlichen Fitness der Turner infolge ihres regelmäßigen Übens, sahen viele Turner bzw. Turnvereine in der freiwilligen Übernahme von Lösch- oder Rettungsmaßnahmen eine zweckdienliche Aufgabe.

Ihre besondere körperliche Eignung und ihr einheitliches Miteinander setzten sie ein, indem sie Steigerabteilungen bildeten, also mit den neuartigen Hakenleitern (s.o.) den Brand umliegende Gebäude erstiegen, um selbigen von dort aus abzuriegeln und zu bekämpfen. Oder sie stellten einen Teil der Löschmannschaft dar, weil ihnen Feuerspritzen und/oder andere Gerätschaften zum Löschen übergeben wurden.

Dennoch waren die sogenannten Turnerfeuerwehren keine Feuerwehren im eigentlichen Sinne, sondern nur ein Teil der Gesamtorganisation einer Löschanstalt ihres Ortes, weil ihnen jeweils nur die vorgenannten Teilaufgaben in den jeweiligen Löschsystemen übertragen wurden.

Das Scheitern der bürgerlichen, badischen Revolution mit der Eroberung der Festung Rastatt durch preußische Truppen im Jahre 1849[180] führte zu reaktionären Maßnahmen; auch wieder gegen politische Vereine.

---

[177] Siehe dazu bereits oben den Abschnitt „Die eigentliche Zeit der Rettungsvereine"

[178] Beschluss des 1. Hanauer Turntages 1848, § 2

[179] Siehe dazu bereits oben den Abschnitt „Neue Techniken in der Brandbekämpfung"

[180] Wikipedia: Am 09.05.1848 verbrüderten sich in Rastatt fast alle Soldaten mit der Bürgerwehr. Nach einer Belagerung durch die preußische Armee wurde die Festung übergeben. Die badische Revolution war damit vorbei.

Diese Verknüpfung von Turnerschaft und Feuerwehr sollte auch von Erfolg gekrönt sein, wie der bereits im Jahr 1847 bei einem Theaterbrand in Karlsruhe außergewöhnliche Löscherfolg zeigte (s.o.).

Abb. 34: *„Dieses Bild soll die Gesammtthätigkeit der Feuerwehr in all ihren Abtheilungen veranschaulichen. Das Feuer ist in einem Complex hölzener Häuser ausgebrochen und es wird nöthig, das Haus No.1 dem Feuer preiszugeben, so wie die Häuser No.2 und 3 zu demolieren; die Dächer der Häuser 4, 5, 6, 7, 8 sind von Steigern besetzt und im Innern derselben arbeiten Löschmannschaften. Die zu beiden Seiten durch eine aufgesteckte Fahne bezeichneten Plätze sind die Rettungsplätze, bei welchen einige Posten der Wachmannschaft stehen.„„* 1860

Auch Carl Metz beschrieb diese Verknüpfung nur wenig später, 1848, reklameartig in einem Flugblatt mit: *„Das Löschwesen ist Turnwesen."* Anlass dieser Aussage war das badische Bürgerwehrgesetz, das die Grundzüge der alten Pflichtfeuerwehr erneuerte;[181] Metz aber empfahl für seine Spritzen eine Übergabeunterweisung, die eingeübt werden sollte, was mit verpflichteten Personen nicht so einfach möglich war, da diese nur zu den festgelegten Gesamtübungen verpflichtet waren.

[181] Badisches Bürgerwehrgesetz vom 01.04.1848

Eigentlich waren die freiwilligen Turnerfeuerwehren eine wertvolle Ergänzung des Brandschutzes. Trotzdem wurden viele Turnvereine aufgrund ihrer Gesinnung verboten, wie auch die daraus resultierenden Turner-Rettungs- und -Löschmannschaften. Alle verbliebenen Vereine konnte die Polizei nunmehr genau überwachen.

Erst nach Aufhebung dieser wiederholten Turnsperre anlässlich des Zusammenbruchs der Revolution 1848/49 begann ab etwa 1860 ein erneuter Aufschwung der Turnerschaft, die zu einer großen Volksbewegung wurde.

Kurz vor Ende des 19. Jahrhunderts wurde Nichtdeutschen und Juden dann aber die Mitgliedschaft in verschiedenen Turnvereinen untersagt, wodurch es zu Spannungen, Austritten und Spaltungen in der Turnerschaft kam.[182] Gegen Ende des Jahrhunderts endete schließlich auch die Zeit der Beteiligung von Turnern am Löschdienst.

Die Wiederentdeckung der Pflichtfeuerwehren

Trotz der bereits genannten nicht unbeachtlichen Löscherfolge diverser freiwilliger Löschanstalten wurden vor allem ab der Mitte des 19. Jahrhunderts teilweise auch wieder Pflichtfeuerwehren gebildet, so dass es noch im Jahre 1870 mehr Pflichtfeuerwehren als Freiwillige Feuerwehren gab.[183]

Möglicherweise lag der Grund für die Wiederentdeckung der Pflichtfeuerwehren zum einen in den oftmals noch verheerenden Brandereignissen in den Gemeinden und Städten. Es mussten zum Beispiel in Hamm (Nordrhein-Westfalen) im Jahr 1843 alle Hausbesitzer einer Pflichtfeuerwehr beitreten.

Und ein Jahr später wurden in Düsseldorf neben der Pflichtfeuerwehr 20 uniformierte und besoldete Männer für den Brandschutz angestellt. Es existierte somit eine „*Pflicht-*

[182] Atzmanniger, Günter u. Nebenführ, Elke in CTIF Tagungsband 2011

[183] Brandenburg, Hajo: Geschichte der Feuerwehr, Erfurt 2011, Seite 15

feuerwehr mit hauptamtlichen Kräften". 1870 gab es in Düsseldorf bereits 116 besoldete Feuerwehrleute. [184]

Zum anderen fehlte nach der Deutschen Revolution in vielen Städten und größeren Gemeinden das Engagement der Bevölkerung zur Beteiligung in einem Pompier-Corps, so dass beispielsweise Heilbronn 1852 wieder alle Bürger zur Teilnahme an einer Feuerwehr verpflichtete, wie auch kurz danach Reutlingen.

Die Stadtväter in Dortmund hingegen lehnten noch 1857 sowohl ein Zwang-Feuerlösch-Korps als auch die Einrichtung einer besoldeten Mannschaft ab und befürworteten die Einrichtung eines freiwilligen Korps.

Nachdem sich auf eine entsprechende Aufforderung an die Einwohner zur Beteiligung jedoch nur 14 Personen gemeldet hatten, wurden Firmen und Handwerksmeister verpflichtet, eine bestimmte Anzahl ihrer Arbeiter und Gesellen zum Feuerlöschkorps bereitzustellen.

Als schließlich aber auch das Interesse an der 1843 in Dortmund gebildeten Feuer-Rettungs-Gesellschaft[185] derart zurückging, dass zu der Generalversammlung im Jahre 1860, die über das Fortbestehen des Vereins Klarheit schaffen sollte, kein einziges Mitglied erschien, übernahm die Stadt Dortmund daraufhin deren herrenlose Geräte und sorgte nun auch mittels besoldeter Mannschaften für den Brandschutz.[186]

Ferner entschied 1858 beispielsweise die Regierung in Württemberg, dass jeder Einwohner einer Gemeinde zu einer *„Pflichtfeuerwehr"* verpflichtet werden konnte, *„weil es keiner Gemeinde zu verwehren sei, ihrem Feuerlöschcorps die zeit- und zweckentsprechende Reorganisation zu geben und daher die Dienste jeden Bürgers sowohl zum Löschen eines Brandes als auch für die zu diesem Zweck erforderlichen Übungen und Versammlungen in Anspruch zu nehmen."*[187]

---

[184] Jüchen: Geschichte des Feuerschutzes in Rheinland und Westfalen; wikipedia

[185] Siehe dazu oben den Abschnitt „Andere Löschanstalten in dieser Zeit – Eine Aufzählung"

[186] Jüchen: Geschichte des Feuerschutzes in Rheinland und Westfalen

[187] Kubitza, Oliver: Zeitschrift Feuerwehrchronik 02/2014; 1852 Heilbronn, 1854 Reutlingen; in Preußen erst 1898,

In Bayern wiederum forderte die Regierung 1849[188] die jeweiligen Bezirksämter auf, die Gründung von Feuerwehren zu fördern. Dies führte in dem Königreich zu einer enormen Gründungswelle von Freiwilligen Feuerwehren.

An der Landwirtschaftsschule in Weihenstephan (Bayern) wurde 1864 sogar eine Schülerfeuerwehr aufgestellt.

Und auf der Insel Föhr gründete man im Jahre 1882 zur Sicherstellung des Brandschutzes eine Jugendfeuerwehr,[189] da dort fast alle erwerbsfähigen Männer auf hohe See fuhren. Sie ist vermutlich die älteste Jugendfeuerwehr Europas.

Abgesehen von den Pflichtfeuerwehren setzten sich in der folgenden Zeit in vielen Städten und größeren Gemeinden auch viele Feuerwehren aus freiwilligen und verpflichteten Mannschaften zusammen (gemischtes System) und verschmolzen erst nach und nach zu einer Freiwilligen Feuerwehr.

Eine Gründungswelle freiwilliger Feuerwehren in der Kaiserzeit

Nach der Rezession, die sich vor allem in auf Missernten beruhenden Hungersnöten und in Massenarbeitslosigkeit aufgrund steigender Bevölkerungszahlen und der beginnenden Industrialisierung äußerte,[190] blühte das Geschäftsleben in Deutschland ab 1860 wieder auf.

Neben der Stahlindustrie (z. B. Krupp) erlebte auch die chemische Industrie einen Aufschwung (beispielsweise Bayer, Hoechst, BASF). Nicht nur diese beiden Industriezweige, sondern die gesamte Wirtschaft profitierte von der inzwischen ebenfalls errichteten Eisenbahn.

---

[188] Chronik der FF Hof: Regierungs-Rescript vom 28.04.1849; 1868 bestanden in Bayern bereits 198 Feuerwehren, Biografisches Handbuch zur deutschen Feuerwehrgeschichte, 2014, vfdb Referat 11

[189] Die Gründung erfolgte in Oevenum auf der Insel Föhr

[190] Siehe auch den Abschnitt „Bürgerwehren wandeln sich zu Feuerlösch- und Rettungsanstalten“

Auf den Deutsch-Französischen Krieg von 1870/71, der letztendlich zur Proklamation des preußischen Königs Wilhelm I. zum deutschen Kaiser führte, folgte eine lange Friedensphase in Westeuropa.[191]

All dies hatte eine nationale Begeisterung zur Folge, die wiederum zu einer Ausweitung der Gründung von Freiwilligen Feuerwehren in Deutschland führte, da nun allgemein wieder eine größere Bereitschaft der Bevölkerung vorhanden war als in den vergangenen Jahrzehnten, für *„vaterländische"* Aufgaben einzustehen und Pflichten für die Gemeinschaft zu übernehmen.[192]

Der Übergang zu besoldeten Feuerwehren

Bereits um 1714 hatte der Zar Peter der Große in Sankt Petersburg (Russland) eine der ersten professionellen Löschmannschaften gebildet und für diese neben dem Gebäude der Admiralität eine ständig besetzte Feuerwache eingerichtet. Die neu gebildete Hauptstadt war somit die erste Stadt in Russland, die eine effektiv funktionierende ständige Feuerwehr hatte. Im Brandfall mussten aber weiterhin auch die Einwohner und das Militär mit löschen.[193]

Nach diesem Vorbild wurden im Jahre 1802 in Vilnius (Russland, heute Litauen) und im Jahre 1834 in Warschau (Russland, heute Polen) ebenfalls besoldete Feuerwehren jeweils in ständig besetzten Wachen eingerichtet.[194]

Als besoldete Feuerwehren kann man Löscheinrichtungen mit verpflichtetem Personal, welches entweder ständig oder nur bei Einsätzen und Übungen bezahlt wurde, sowie solche mit in einem geringen Umfang fest angestellten Tag- und/oder Nachtwachen unterscheiden. Erst wenn ausreichendes Personal in Tag- und Nachtwachen

---

[191] Bertelsmann Chronik

[192] Thormann, Hans Udo: Feurio im Vest, Zur Geschichte des Brandschutzes zwischen Emscher und Lippe, Bottrop 1999

[193] Wikipedia

[194] Witecka, Helen: Die polnische Feuerwehr unter totalitären Regimen, CTIF 1993 + 2004

zu einer Brandbekämpfung zur Verfügung stand, wurde diese Einrichtung zu einer Berufsfeuerwehr.

Im heutigen Deutschland standen zunächst nach der Münchener Feuerordnung von 1826 „*In jedem städtischen Feuerhause bey Tag und Nacht vier angeschirrte Pferde mit zwey Knechten in Bereitschaft, um bey entstandenem Feuerlärm die Löschgeräthschaften so schnell als möglich zur Brandstätte zu bringen*“.[195]

Aber auch in Dresden verstärkte man im Jahre 1849 den Brandschutz, indem man nächtliche Feuerwachen einführte, die sowohl in der Alt- als auch in der Neustadt abwechselnd jeweils von Schornsteinfegermeistern geleistet werden mussten.[196]

Im Rahmen der fortschreitenden Industrialisierung entstanden in Deutschland jedoch bereits vor der Wende in das 20. Jahrhundert große Firmen und mit diesen erfolgte zugleich auch eine Ausweitung feuergefährlicher Produktionsweisen. Die Gefahr von Großbränden und ihrer Folgen stieg erheblich an.

Vor diesem Hintergrund reichten auch verstärkte Maßnahmen wie diejenigen in München oder Dresden nicht mehr aus. Viele Verantwortliche im Brandschutz beklagten daher, dass die bisherigen Feuerlöschsysteme überfordert seien, und mancherorts waren es auch Großbrandereignisse, in deren Zusammenhang von der Presse und der Bürgerschaft Verbesserungen beim Feuerlöschwesen gefordert wurden.

„*Man muß Zeuge gewesen sein, wie in den Nachtstunden die ganze Stadt von einem Ende bis zum andern um eines unbedeutenden Brandes willen aufgeschreckt wurde, ohne daß über den Ort und die Beschaffenheit desselben eine gewisse Kunde zu erlangen war, dagegen am Tage die Hilfe zu spät oder spärlich zur Stelle kam; wie in dem Tumulte auf den Straßen und bei der Aufregung in den Häusern Gesindel aller Art zu Excessen fand*“.[197] schilderte Scabell – vermutlich etwas überspitzt, um seinen Reformideen Nachdruck zu verleihen – das bestehende Feuerlöschsystem in Großstädten.

[195] FO München 1826

[196] FO Dresden 1849

[197] Scabell, Carl Ludwig: Das Feuerlöschwesens Berlins, Berlin 1853, Nachdruck Paderborn 2012

Die Ansätze zur Problemlösung in Gestalt eines Übergangs zu besoldeten Feuerwehren waren vielfältig. Einige Städte stellten Handwerkern preiswert bestimmte Wohn- und Gewerberäume als „ständige Wache" zu Verfügung. Im Gegenzug mussten diese sich verpflichten, im Einsatzfall als Feuerwehrmänner bei der Feuerwehr tätig zu sein.

Abb. 35: Darstellung einer Feuerwehrübung der FF Elberfeld mittels Wasserentnahme aus einem Fluss (Wupper) durch eine Saugleitung von einem Wasserzubringer, Einsatz einer Druckspritze, Hakenleitersteigen am Übungsturm und Vornahme eines Sprungtuches beim *„Neunten rheinisch-westphälische Feuerwehrtages zu Elberfeld„* 1870

Dadurch sollte sichergestellt werden, dass im Brandfall stets eine bestimmte Anzahl von Feuerwehrmännern verfügbar war, wobei ihnen auch jeder Übungs- oder Löschdienst bezahlt wurde.

In anderen Städten mussten städtische Arbeiter in die Feuerwehr eintreten. Außerdem durften sie nur Wohnungen in oder neben einer Feuerwache nehmen, um nach bestimmten Diensteinteilungen verfügbar zu sein. Manche von ihnen arbeiteten sogar direkt in oder neben der Feuerwache.[198]

[198] Magirus: Das Feuerlöschwesen in allen seinen Theilen

Sogar einige Freiwillige Feuerwehren beantragten aus sich heraus die Einrichtung einer ständigen Feuerwache. So entstand beispielsweise die besoldete Feuerwache in (Wuppertal-) Barmen, die um die Jahrhundertwende mit einer Maschinenleiter, einem Schlauchwagen und zwei Pferden ausgerüstet war und aus 10 Feuerwehrmännern bestand.[199] Das Personal der ständigen Feuerwache wurde zwar von der Stadt bezahlt, unterstand jedoch der Führung der Freiwilligen Feuerwehr.

In Gemeinden, wo die Freiwilligen Feuerwehren wirkungsvoll tätig waren, wurden die besoldeten Feuerwachen nur als Unterstützung eingerichtet.[200] In Österreich war dies beispielsweise in Innsbruck oder in Budweis (heute Tschechien) der Fall.

In den anderen Gemeinden gab es durchaus ein ebenbürtiges Nebeneinander der besoldeten Feuerwachen oder besoldeten *„Pompier-Corps"* mit den Freiwilligen Feuerwehren. So z.B. in Graz, Brünn (früher Österreich, heute Tschechien), Lemberg (früher Österreich, heute Ukraine), Krakau (früher Österreich, heute Polen), Premissl (früher Österreich, heute Polen) oder Tschernowitz (früher Österreich, heute Ukraine).

In Galizien (früher Österreich, heute Polen und Ukraine), wie auch in Südtirol, hatten wiederum besoldete Kommunalwachen neben Polizeiaufgaben auch Feuerlöschaufgaben wahrzunehmen.

Berufsfeuerwehren

Im Königreich Preußen war man – möglicherweise auch als Nachwirkung der Revolution – von der gewachsenen Idee, das Löschwesen in Großstädten vereinsmäßig organisierten Freiwilligen Feuerwehren zu übertragen, überhaupt nicht begeistert. Lieber wollte man eine militärisch organisierte und kasernierte Mannschaft zur Brandbekämpfung haben.

---

199 Stadtarchiv Wuppertal: Jahresbericht der Barmer Feuerwehr 1899

200 Augsburg lt. Chronik

Von der Tragung des Löschwesens allein durch Freiwillige Feuerwehren war – aus anderen Gründen – wohl auch der Erfinder der späteren *„Berufsfeuerwehr“* Carl Ludwig Scabell, nicht überzeugt. Scabell, der seit 1845 für das Feuerlöschwesen in Berlin als „Oberspritzenkommissarius“ zuständig war, ging es um das Problem des desolaten Zustandes des Brandschutzes. Die Lösung sah er in der Einrichtung hauptamtlicher Löschkräfte.[201]

Und obwohl in Berlin schon bald acht Spritzenhäuser nachts jeweils mit vier fest angestellten Löschkräften besetzt waren, konnte Scabell seine Vorstellungen einer gut organisierten ständigen Feuerwehr aufgrund der Kosten zunächst noch nicht in die Tat umsetzen.

Erst nachdem er am 1. Februar 1851 zum königlichen Branddirektor ernannt und mit einer Reorganisation der Feuerwehr beauftragt worden war, konnte er mit dem Aufbau einer Berufsfeuerwehr beginnen. Sie nahm am 18.06.1851 in Berlin ihren Betrieb auf.[202]

Er sorgte u.a. dafür, dass ausreichend und vor allem – im Gegensatz zu den bisherigen besoldeten Feuerwehren – ausgebildetes Personal, das auch über die erforderliche körperliche Fitness verfügte, für den Brandschutz ständig in den Feuerwachen einsatzbereit war.[203]

Dabei stand natürlich immer nur ein Teil des jeweils angestellten Personals zur Brandbekämpfung zur Verfügung, da – vergleichbar mit dem modernen Schichtdienst – i.d.R. mindestens 1/3 der Männer frei hatte.

Scabell ließ eine Telegraphenanlage zum schnellen Bekanntwerden der Brandeinsatzstelle errichten und machte den Innenangriff, also das Löschen der brennenden Gebäude von innen, als Einsatztaktik bekannt. Erfolge dieser Brandbekämpfungseinrich-

[201] http://www.berliner-feuerwehr.de/ueber-uns/historie/leiter-der-berliner-feuerwehr/branddirekor-carl-ludwig-scabell-1851-1875/

[202] http://www.feuerwehrmuseum-berlin.de/historisches/zeitleiste/index.html

[203] Lt. Wikipedia wurden knapp 1.000 Männer in kürzester Zeit eingestellt und ausgebildet.

tung ließen nicht lange auf sich warten und führten dazu, dass viele Fachleute aus aller Herren Länder nach Preußen reisten, um das *„Berliner System"* kennenzulernen.[204]

Trotz der über die Landesgrenzen bekannt gewordenen Löscherfolge der Berufsfeuerwehr nach Scabell, wurde in Graz (Österreich) noch 1853 nach Ulmer Vorbild ein städtisch besoldetes Pompier-Corps errichtet, welches aus 24 verschiedenen Handwerkern bestand. Die Brandmeldung erfolgte, wie zu dieser Zeit noch üblich, von einem Wächter durch Kanonenschüsse, Glockenschläge, Flaggen und nachts durch Laternen.[205]

Abb. 36: Stiefelappell bei einer Berufsfeuerwehr, 1913

Doch auch in Deutschland wurden zunächst alle späteren Berufsfeuerwehren mittels Dienstaufnahme von bezahlten Tag- und Nachtwachen gegründet, und zwar – mit nur zwei Ausnahmen – in den ersten 25 Jahren nur in Nord- und Ostdeutschland.[206]

---

[204] Scabell begann ab einem gewissen Punkte seiner Laufbahn, sich Neuem zu verweigern, und beharrte auf seinen alten Errungenschaften. Dies sowie der Vorwurf ungeregelter Verwaltung, der ungeklärt blieb, veranlassten ihn, sich später von der Feuerwehr zu distanzieren.

[205] Lt. Chronik der Berufsfeuerwehr Graz; siehe auch später detaillierter

[206] Die Ausnahmen waren Frankfurt a. M. 1874 und Nürnberg 1875; ansonsten waren die Gründungen lt. Günter Strumpf, Bericht in Feuerwehrchronik 30.11.2014 wie folgt: Memel [Ostpreußen] 1856, Königsberg [Ostpreußen] 1858, Tilsit [Ostpreußen] 1859, Breslau [Schlesien] 1859, Danzig [Polen] 1859, Potsdam (Brandenburg) 1862, Stettin Pommern]1863 usw.;
lt. Prager: florian 14: achter alarm!: Prag 1853, Pilsen (Tschechien), Brünn (Tschechien) 1863, Lemberg (Ukraine), Krakau (Polen) 1865, Pola (Pula; Kroatien), Budapest in der Zeit von 1854 – 1872; lt. Bundesfeuerwehrverband.at auch Graz 1853, Triest (Italien), Przemysl (Polen), Cernowitz (Tschechien) 1866

Im Landkreis Memel in Ostpreußen z.B. beschloss die Stadtverwaltung im Jahre 1856 infolge eines großen Stadtbrandes die Einrichtung einer ständigen Feuerwache. Diese Feuerwehr, als zweite im Königreich Preußen, wurde nach dem Berliner Vorbild aufgestellt und organisiert.

Sie bestand aus einem Brandinspektor, zwei Oberfeuerwehrmännern und acht Feuerwehrleuten und wurde im Bedarfsfall durch 70 freiwillige Feuerwehrleute unterstützt. In einer hinter dem Rathaus neu erbauten Feuerwache waren drei neue Spritzen, ein Wasserzubringer, eine Maschinenleiter und Ausrüstungsgegenstände untergebracht.[207]

In vielen Städten mussten die Feuerwehren jedoch zusätzlich zu dem Löschwesen auch andere Aufgaben übernehmen. Gerade in den Anfängen wurde der Feuerwehr, um Kosten zu sparen, in Berlin z.B. die Straßenreinigung, als Nebenbetrieb übertragen. Aber auch der Transport von ca. 450 Gefangenen, rund 500 Kranken und etwa 15 Leichen in einem Jahr konnte, wie beispielsweise in Krefeld, zu den Aufgaben einer Feuerwehr gehören.[208]

Abb. 37: Die Kriegsauswirkungen wurden spürbar: Krankenwagen für 6 Kranke, Berufsfeuerwehr, 1914

[207] Lebius, Gerhard: 125 Jahre Berufsfeuerwehr Memel, Das Ostpreußenblatt, Zeitschrift, 30.05.1981

[208] Westdeutsche Zeitung vom 05.09.2009: Feuerwehr vor 100 Jahren

Obwohl Magirus bereits in seiner Veröffentlichung von 1877 die Berufsfeuerwehr als eine Einrichtung neben der bürgerlichen Feuerwehr erwähnte und in einer Fachzeitschrift aus dem Jahre 1902 Berufsfeuerwehren, Berufsfeuerwachen, sowie gemischte Systeme von Berufs- und bezahlten Feuerwehren und nur nachts besetzten Berufsfeuerwachen aufgelistet wurden,[209] war die Bezeichnung *„Berufsfeuerwehr"* für besoldete Tag- und Nachtwachen aufgrund der nicht definierten Mindestgröße einer Berufsfeuerwehr jahrzehntelang umstritten.
Das überlieferte Gründungsdatum mancher Berufsfeuerwehren basierte nämlich meist nur auf einem Beschluss des jeweiligen Stadtrates, wobei in Wirklichkeit erst mehrere Jahre später ausreichendes Personal für eine Brandbekämpfung zur Verfügung stand.

Noch bei dem 1895 gegründeten *„Deutschen Branddirektorentag'*[210] war diesbezüglich keine einheitliche Meinung gegeben.[211] Erst im Jahre 1938 (in Preußen bereits 1933) wurde die jeweilige Anerkennung der örtlichen Berufsfeuerwehren mit dem Gesetz über das Feuerlöschwesen mehr oder weniger geregelt.[212]

Private freiwillige und hauptberufliche Fabrikfeuerwehren

Mit einem sprunghaften Anstieg der Fabrikgrößen wuchs auch das Erfordernis, einen betrieblichen Brandschutz aufzubauen. Es bildeten sich folglich in größeren Betrieben fabrikeigene freiwillige Feuerwehren. Die Vorteile der Fabrikfeuerwehren waren geringe Anrückzeiten, sowie dass sich ihre Mitglieder in der Firma und in deren Produktionsverfahren auskannten und meist von den Fabrikbesitzern unterstützt sowie finanziert wurden.

Die ältesten Löscheinrichtungen in Gewerbebetrieben sind wohl die in der k.u.k. Tabakfabrik in Fürstenfeld (Österreich) 1813, in der Brauerei Kaltenhausen in Hallein

[209] vfdb Merkblatt 11/02

[210] Vorläufer des 1890 gegründeten *"Verbandes deutscher Berufsfeuerwehren"*

[211] Hornung-Arnegg: Feuerwehrgeschichte

[212] Per Gesetz von 1938 wurden Berufsfeuerwehren ab einer bestimmten Mindeststärke als Feuerschutzpolizei bezeichnet.

(Österreich) 1825, in der Porzellanfabrik Saargemünd (Elsass-Lohtringen, heute Frankreich) 1830 und in der k.u.k. Tabakfabrik in Schwaz (Österreich).

Dann folgten Fabrikfeuerwehren in Maschinenfabriken in Karlsruhe 1846 und Ettlingen 1852.[213] In Augsburg bildeten sich 1856 sogar gleich in vier Fabriken Rettungsvereine[214], die sich sechs Jahre später in Fabrikfeuerwehren umwandelten. Das Personal wurde der freiwilligen Feuerwehr im Bedarfsfall als *„Hilfsrotten"* zur Verfügung gestellt.

Die größeren Fabriken richteten neben den freiwilligen Fabrikfeuerwehren sogar private hauptberufliche Fabrikfeuerwehren ein.[215] Eine beachtliche Anzahl von diesen gab es vor allem in verschiedenen Kasernen und staatlichen Betrieben sowie in Brauereien, Bergwerken oder Hüttenbetrieben.

Einige frühe Anerkennungen der Fabrikfeuerwehren als *„Werkfeuerwehr"* erfolgten nach den Vorschriften der Landesfeuerwehrverbände durch die jeweils zuständigen örtlichen Behörden. Offiziell staatlich anerkannt als *„Werkfeuerwehren"* wurden Fabrikfeuerwehren basierend auf dem Gesetz über das Feuerlöschwesen in Deutschland allerdings erst ab 1943.

Diejenigen Fabrikfeuerwehren, denen diese staatliche Anerkennung fehlte, bezeichnete man – wie auch heute noch – als *„Betriebsfeuerwehren"*. Da diesen mangels staatlicher Anerkennung auch keine Auflagen auferlegt werden können, sind sie – heute wie damals – besonders flexibel.

Die Betriebe entscheiden weitestgehend selbst z.B. über die Ausrüstung ihrer Feuerwehr, die Art der Alarmierung und das Personal. Meist werden freiwillige eigene Mitarbeiter herangezogen, die zum Übungsdienst und im Einsatzfall von ihrer eigentlichen Aufgabe freigestellt werden.

---

[213] Bundesfeuerwehrverband.at; Die Baseler Feuerwehr; es folgten 1863 die Farbenfabriken in Frankfurt (später Hoechst AG), 1864 Weihenstephan (Bayern), 1866 Pfalzklinikum, 1866 Krupp usw.

[214] Korschinsky / Habermaier / Springer / Dr. Nölke: Feuerwehr Augsburg, Kattunfabrik 12.05.1856, Kammgarnspinnerei 01.08.1856, Schöppler u. Hartmann, Riedinger, Lotzbeck u. Compagnie; die Umwandlung erfolgte 1862.

[215] Z.B. Fabrikfeuerwehr Hoechst lt. Chronik

Bahnfeuerwehren

Die Geschichte des Brandschutzes der Eisenbahn in Deutschland und der damit verbundenen Bahnfeuerwehren geht fast bis auf die Gründungsjahre der Eisenbahn zurück. Nachdem bekanntlich am 07.12.1835 im damaligen Königreich Bayern zwischen Nürnberg und Fürth die erste Eisenbahn verkehrte, wurden vom Heidelberger Fabrikant Carl Metz[216] bereits im Jahre 1845 für ihre Bahnhöfe diverse Feuerlöschspritzen an die Königlich Bayrische Eisenbahn- Kommission geliefert.

Polizeiverordnung,
betreffend
die Abwendung von Feuersgefahr bei der Errichtung von Gebäuden und der Lagerung von Materialien in der Nähe der dem Gesetze über die Eisenbahnunternehmungen vom 3. November 1838 (GS. S. 505) unterstehenden Eisenbahnen.

Abb. 38: Gebäude, die nicht aus *„unverbrennlichen Materialien … oder in anderer gleich wirksamer Weise gegen Entzündung durch Funken gesichert sind …*,„ mussten bestimmte Abstände von Eisenbahnen einhalten, 1892

Eine große Brandgefahr bildete nämlich der Funkenflug aus den (Dampf-) Lokomotiven für die unmittelbar an die Gleise angrenzenden Gebäude, Wiesen (Böschungsbrände), Felder und die Lagerung leicht entzündlicher Stoffe.

Im Jahre 1856 beschaffte dann die staatliche Eisenbahnwerkstätte Friedrichshafen eine Feuerlöschpumpe, und der damalige Werkstattleiter stellte daraufhin aus den Reihen der Belegschaft ein kleines Pflicht-Pompier-Corps auf und verpflichtete es bereits zu regelmäßigen Übungen.

Der nachfolgende Werkstattleiter wandelte nur ein Jahr später, 1857, diese Pflichtfeuerwehr in eine freiwillige Feuerwehr um und übernahm ihre Leitung: die erste deut-

---

[216] Siehe dazu bereits oben den Abschnitt „Neue Techniken in der Brandbekämpfung“

sche Bahnfeuerwehr, die in dieser Zeit auch als *„Bahnhofs- oder Stationsfeuerwehr"* bezeichnet wurde, war errichtet.

Es folgten weitere in Siegen 1861, Neumünster 1864, Braunschweig 1865, Fulda 1870, Oldenburg 1877 u.v.m.[217]

Weitere Entwicklungen und Erfindungen verändern den Feuerwehreinsatz

Im Jahr 1828 bauten der Schwede Ericsson und der Engländer Braithwaite in London gemeinsam die erste richtig durchkonstruierte Dampfspritze der Welt, bei der die Dampfmaschine den Antrieb der Kolbenpumpe übernahm. Während das erste Exemplar zu Vorführzwecken in der Fabrik in London blieb, ging das zweite nach Liverpool zur dortigen Feuerwehr.

Bereits im Winter des Jahres 1830 bewährte sich eine Dampfspritze der Firma Ericsson – vermutlich die aus Liverpool – in England, als bei einem Großbrand sämtliche Handdruckspritzen eingefroren waren, die Dampfspritze hingegen fünf Stunden lang arbeitete.[218]

Ob dieser spezielle Erfolg über die Landesgrenzen hinaus verbreitet wurde, ist zwar nicht bekannt, jedenfalls aber erwarb die Stadt Berlin die dritte Dampfspritze im Jahre 1832 für den königlichen Hof von Preußen und andere öffentliche Gebäude. Diese Dampfspritze wurde im Jahre 1854 schließlich an die Berliner Berufsfeuerwehr übergeben.[219]

Im gleichen Jahr wurden in Deutschland gefertigte Dampfspritzen an die Freiwilligen Feuerwehren in Hannover und Hamburg ausgeliefert[220] und im Jahr 1863 übergab der

---

[217] Feuerwehrchronik Klaedtke & Tissen vom 31.05.2008, 2. Jahrgang, Nr. 3, Heinz Lösch: „Die Bahnfeuerwehr", S. 46 f., http://www.fw-chronik.de/PDF-Rundbrief/2008-03-hq.pdf

[218] http://www.feuerwehrgeschichte.de/geschichte/fwch1800.htm#1800; Hornung-Arnegg: Feuerwehrgeschichte

[219] Gihl, Manfred: Feuerwehren unter Dampf. Die Geschichte der Dampfspritzentechnik 2011

[220] Hornung-Arnegg: Feuerwehrgeschichte

König Wilhelm I. von Württemberg auf dem ersten württembergischen Landesfeuerwehrtag der Freiwilligen Feuerwehr Stuttgart eine von ihm privat in England gekaufte Dampfspritze.

Wollte man an dieser Erfindung etwas kritisieren, so war es vermutlich, dass die Dampfspritzen in der Anschaffung teuer waren, sie ständig befeuert werden mussten, um etwas über 10 Minuten nach der Alarmierung eingesetzt werden zu können,[221] und gegebenenfalls, dass die Dampfspitzen in der Frühphase noch durch Pferde zur Brandstelle gezogen werden mussten.

Auch diesbezüglich ließ der Fortschritt jedoch nicht lange auf sich warten. Schon seit dem Jahr 1840 wurden weltweit verschiedene Versionen konstruiert, damit auf die Pferdebespannung verzichtet werden konnte. Die Weiterentwicklung führte zu selbst fahrenden Dampfspritzen, die durch Elektromotoren oder mittels der mitgeführten Dampfmaschine Vortrieb erlangten.

Mit Entwicklung und voranschreitender Verbreitung der Verbrennungsmotoren (z.B. Benz, Daimler) wurden schließlich auch vermehrt die Feuerspritzen – auf Einachsanhänger montiert – mit diesen angetrieben und die Dampfmaschinen sehr schnell wieder verdrängt.

Eine Art Vorläufer der späteren Tanklöschfahrzeuge bildete die Gasspritze, die mitgeführtes Wasser mittels zweier CO^2-Flaschen herauspresste. 1889 stellte Bremen die erste Gasspritze in Dienst.

Auf der Internationalen Feuerwehrausstellung in Berlin im Jahr 1901, die anlässlich des 50-jährigen Jubiläums der Berufsfeuerwehr stattfand, wurde der im gleichen Jahr in Hannover gebaute und in Betrieb genommene erste Automobillöschzug der Welt sowie der erste Motorwagen der Adlerwerke (Frankfurt am Main) vorgestellt. Eine Luftbereifung der Fahrzeuge anstelle der Vollgummireifen setzte sich erst ab 1929 durch.

---

221 Brandenburg: Die Geschichte der Feuerwehr

Zur Eigensicherung beim Besteigen von Gebäuden diente der sogenannte „Notnagel“, der mit einem Beil in einen Holzbalken eingeschlagen wurde und das Gewicht von zwei Personen aushielt. Der Notnagel war an speziellen Feuerwehrgürteln aus Stoff oder aus Leder (Feuerwehrgurt) angebracht, um immer im Einsatzfall den Feuerwehrleuten zur Verfügung zu stehen.

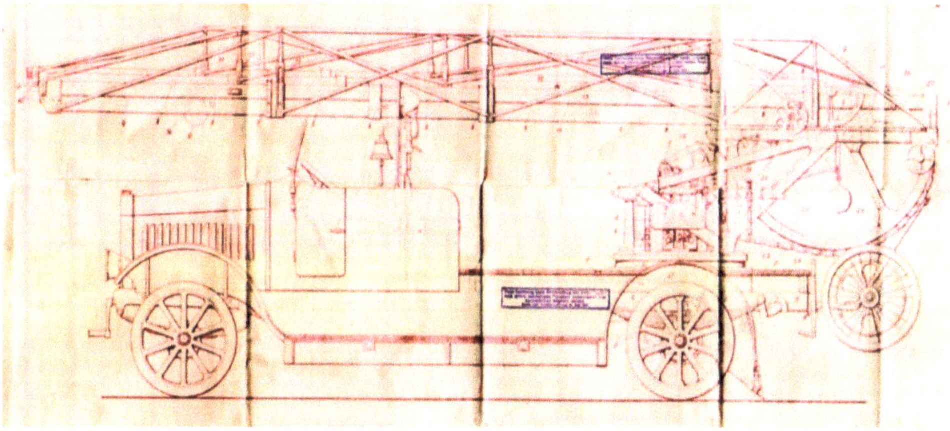

Abb. 39: Metz Motor-Drehleiter Typ M. B. 24 mit offenen Sitzbänken, 1925

Nach einigen Zwischenschritten[222] konstruierte C. D. Magirus im Jahr 1892 seine erste Drehleiter; eine vierteilige verspannte Leiter für Pferdezug mit bis zu 25 m Steighöhe mit einem in der Fahrzeugmitte angeordneten Drehturm. Sie gilt als Vorgänger der heutigen Feuerwehrdrehleitern. Der unter den Drehleiterherstellern herrschende starke Wettbewerb führte dazu, dass diese ab 1925 nur noch von drei Firmen gefertigt wurden.

Und obwohl man frühzeitig erkannte, dass der Rauch eines Brandes dessen Bekämpfung immens erschwerte, hatten die Feuerwehren lange Zeit keinen Schutz vor schäd-

[222] 1872: „Ulmer Leiter“ = Zweiradschiebeleiter mit bis zu 14m Steighöhe, die im Freistand bestiegen werden kann – von C. D. Magirus; 1877: Drehturmleiter, fahrbare Ausziehleiter für Rettungszwecke, der Firma Fritz Hönig aus Köln, siehe http://www.feuerwehrgeschichte.de/geschichte/fwch1870.htm#1870

lichem Rauch und Qualm auf Brandstellen. Teilweise wurde dafür auch kein Bedarf gesehen.

Umgekehrt galt es oft sogar als Mut- und Bewährungsprobe, in brennende Gebäude weitestgehend ungeschützt hineinzugehen. Man nahm höchstens einen langen Bart oder einen nassen Schwamm zwischen die Zähne. Aber auch dieser zweifelhafte Schutz erschwerte eher die Brandbekämpfung, als dass er sie erleichterte.

Nach mehr oder weniger erfolglosen Erfindungen in Bezug auf den Rauchschutz für Feuerwehrleute entwickelte schließlich die Firma König in (Hamburg-)Altona um 1900 den ersten brauchbaren Rauchhelm. Dabei handelte es sich um einen den ganzen Kopf umschließenden Lederhelm mit Sichtfenster.

Über einen fuß- oder handbetätigten Blasebalg wurde der Helmträger von einem zweiten Mann mit Atemluft versorgt. Eine mit dem Rauchhelm kombinierte Wasserberieselung der vorgehenden Person war ebenso möglich wie auch eine Sprechverbindung.[223]

Erst dieser Rauchschutz ermöglichte eine wirksame Brandbekämpfung durch die auf Carl Ludwig Scabell zurückgehende Einsatztaktik des Innenangriffs.[224]

Der Beginn der Vereinheitlichung

Obwohl im Heiligen Römischen Bereich bereits seit der frühen Neuzeit nahezu alle Feuerordnungen eine identische Gliederung hatten,[225] begann die Vereinheitlichung in anderen Bereichen des Feuerlöschwesens merklich später.

Wenngleich eine einheitliche Garderobe im Vereinsleben schon immer eine zentrale Rolle spielte – das Fehlen einer solchen war zum Beispiel bei den Aufmärschen der

---

[223] Hornung-Arnegg: Feuerwehrgeschichte; Rauchmaske Glaser 1772, Kühfuß Karlsruhe 1862, Schwann 1863

[224] Siehe dazu bereits oben den Abschnitt „Berufsfeuerwehren"

[225] Siehe dazu bereits oben den Abschnitt „Die Einführung der Feuer- und Wasserkünste"

Feuerwehrtage unübersehbar – so hatten in den Anfängen des Feuerlöschwesens dennoch nur wenige Feuerwehren eine solche Einheitskleidung, wie etwa in Hamburg seit 1697 die sog. *„Wittkittels"* oder seit 1817 die *„Pompiers"* von Saarlouis.

Erst ab 1850 trugen dann vermehrt Feuerwehrleute helle Leinenjacken, die später durch einen dicken Tuchrock ersetzt wurden, und seit der Reichsgründung im Jahre 1871 begannen die Feuerwehren Uniformen zu tragen. Am 30. Juli 1900 erließ dann der deutsche Kaiser Wilhelm II. – vermutlich aus Prestigegründen – *„Endlich"* eine *„Kaiserliche Cabinetsordre bezüglich der Uniformierung und Abzeichen der Feuerwehr"*. Diese galt für alle preußischen Länder, in denen sie durch den jeweiligen Innenminister mittels erläuternder Verfügungen bekannt gemacht wurde.[226]

Zu der Uniform gehörte auch ein Helm. Der Messinghelm, mit dem 1762 erstmals die Pariser Feuerwehr ausgerüstet und der stetig eleganter weiterentwickelt wurde,[227] diente lange Zeit als Vorbild für viele Feuerwehrhelme weltweit, so auch für die deutschen Feuerwehren.

Im Deutschen Kaiserreich[228] setzte sich in Deutschland dann ein lederner Helm in Form der sogenannten *„Pickelhaube"* des preußischen Heeres durch.

Anlässlich der Regelung zum Einheitsfeuerwehrmann[229] im Dritten Reich[230] im Jahr 1934 wurde ein neuer Metallhelm aus Stahl oder Leichtmetall eingeführt.[231]

Nicht nur die Uniformen und Helme wurden vereinheitlicht, sondern auch die Bestimmungen der Feuerversicherungen. Mit dem Reichsgesetz vom 12. Mai 1901 über die privaten Versicherungsunternehmungen wurde mit Inkrafttreten am

---

[226] http://www.feuerwehrgeschichte.de/geschichte/fwch1900.htm#1900

[227] Tagungsband zur 16. Tagung der Internationalen Arbeitsgemeinschaft für Feuerwehr- und Brandschutzgeschichte im CTIF (INTERNATIONAL ASSOCIATION OF FIRE AND RESCUE SERVICES), 2008, „Die Entwicklung des Kopfschutzes für den Feuerwehrmann" von Arnold Kaier, S. 26

[228] Bezeichnung des Deutschen Reichs zwischen 1871 und 1918

[229] Siehe dazu sogleich

[230] Bezeichnung des Deutschen Reichs zur Zeit des Nationalsozialismus 1933–1945

[231] CTIF 2008: Entwicklung des Kopfschutzes für den Feuerwehrmann; Magirus: Das Feuerlöschwesen in allen seinen Theilen.

1. Januar 1902 eine einheitliche Regelung des gesamten Versicherungsrechts und damit auch des Feuerversicherungsrechts für das Deutsche Reich geschaffen.[232]

Auch hinsichtlich der Gerätschaften wurde zu dieser Zeit eine Vereinheitlichung angestrebt. Im Jahr 1909 jedenfalls gab es bereits Verhandlungen zwischen Feuerwehren und der Geräteindustrie über die Vereinheitlichung von „*Feuerwehrautomobilteilen*", insbesondere von Reifen und Rädern; und auch nach der Gründung des Normenausschusses der Deutschen Industrie (heute DIN) im Jahr 1917 fanden 1919 erste Beratungen mit dem Verband deutscher Berufsfeuerwehren über Normungen auf dem Gebiet des Feuerlöschwesens statt.

Zu der Vereinheitlichung der Schlauchkupplungssysteme im Jahr 1936 kam es jedoch erst, nachdem bei einem verheerenden Brand in der Gemeinde Öschelbronn bei Pforzheim im Jahr 1933 eine überörtlichen Löschhilfe durch verschiedene Kupplungssysteme deutlich erschwert wurde.

Die Reichsministerien des Inneren und der Luftfahrt ordneten daraufhin mit Erlass vom 11.09.1936 an, dass nur noch genormte Schlauchkupplungen zu verwenden und bei der Neubeschaffung die Normen zu berücksichtigen waren. [233]

Die Feuerwehren mussten jedoch nicht nur gut ausgerüstet, sondern auch gut organisiert und ausgebildet sein. Lange Zeit vorherrschend war das auf Christian Hengst zurückgehende, vielfach gelobte und vielerorts angewandte sogenannte Nummernsystem, nach dem erstmals sein 1846 in Durlach gegründetes Pompier-Corps ausgebildet war.[234] Diesem – teilweise bis zur Pedanterie betriebenen – Ausbildungssystem standen jedoch auch kritische Stimmen gegenüber.

---

[232] Meyers Großes Konversations Lexikon, „Feuerversicherung", http://www.zeno.org/Meyers1905/A/Feuerversicherung

[233] http://www.feuerwehrgeschichte.de/geschichte/fwch1900.htm#1900

[234] Ein militärisch exerziermäßiges Ausbildungssystem, wonach jeder Mann nur eine einzige Aufgabe hatte, so dass systematisch nach strenger Befehlsstruktur geübt werden konnte. Siehe dazu bereits oben den Abschnitt „Neue Techniken in der Brandbekämpfung"

Denn dieses System führte dazu, wie bereits aufgeführt, dass Ausfälle vor oder im Brandfall nicht ohne weiteres von anderen Kräften kompensiert werden konnten. Auch andere Kritikpunkte wurden aufgeführt.

Kein Freund des Exerzierreglements zum Beispiel war der Feuerlöschdirektor Troje (Ostpreußen). Er erklärte 1909: *„Meiner Ansicht nach wird überhaupt viel zu viel Wert auf das sogenannte Exerzieren gelegt, besonders auf das gleichmäßige Leitersteigen. Das sieht ja sehr schön aus, erfordert aber viel Zeit und nützt an sich nichts.“*

Abb. 40: Exerzierübung mit der Hakenleiter, 1913

Dieses bereits recht einheitlich angewendete starre Ausbildungssystem stand zudem auch mit den bereits vor dem Ersten Weltkrieg eingesetzten neuartigen technischen Entwicklungen bei den Feuerwehren – der Motorisierung bzw. Automobilisierung[235] – nicht mehr im Einklang.

Daher entwickelte die Berliner Feuerwehr das Einsatzkonzept der „Dreiteilung des Löschangriffs“ mit für mehrere Aufgaben ausgebildeten Feuerwehrleuten und verstärktem Einsatz technischer Ausrüstung.[236]

[235] Siehe dazu bereits oben den Abschnitt „Weitere Entwicklungen und Erfindungen verändern den Feuerwehreinsatz“

Diese Entwicklung schritt anfangs jedoch aufgrund der Auswirkungen des ersten Weltkrieges (viele gefallene und verwundete Feuerwehrmänner) und der bis 1923 anhaltenden Inflation nur zögerlich voran.

Erst das von Walter Schnell dazu veröffentlichte, gleichnamige Buch machte die von ihm in verschiedenen Varianten weiterentwickelte Dreiteilung des Löschangriffs ab dem Jahr 1934 verständlich und damit umsetzbar. Seine Ausbildungsanleitung sah eine Dreiteilung infolge einer taktisch notwendigen Raumaufteilung der Wirkbereiche in den sogenannten Angriffstrupp, zuständig für den Bereich zwischen Verteiler und Brandstelle, den Schlauchtrupp, zuständig für den Bereich zwischen Pumpe und Verteiler, und den Wassertrupp, zuständig für den Bereich zwischen Wasserentnahmestelle und Pumpe, vor.

Nach dem von ihm definierten Prinzip des „Einheitsfeuerwehrmanns" mussten alle Männer so ausgebildet und geübt sein, dass sie innerhalb ihres jeweiligen Trupps (der aus zwei Mann bestand) jede Aufgabe erfüllen konnten. Dieses Konzept wurde schließlich in ganz Deutschland verbreitet.[237]

Im Jahre 1927 eröffnete Branddirektor Erich Tiedt bei Beeskow (Brandenburg) die erste deutsche Feuerwehrschule. Träger war der Brandenburgische Provinzial-Feuerwehrverband.

Der Zusammenbruch und das vorläufige Ende

Von der Begeisterung der Bevölkerung für die militärische Denkweise und für die Herrscherverehrung zur Zeit der Wende vom 19. in das 20. Jahrhundert blieben auch die Feuerwehren nicht verschont. *„Gedient"* zu haben bescherte viele Vorteile bei der Rückkehr ins zivile Leben.

---

[236] Aus diesem entwickelte sich später auch der Begriff des „Einheitsfeuerwehrmanns", siehe dazu sogleich

[237] Vereinigung zur Förderung des Deutschen Brandschutzes e. V. (vfdb), Referat 11, Brandschutzgeschichte, Biografie über Provinzial- Feuerwehrführer Walter Schnell, Dieter Jarausch, 2011, PDF, S. 1–3

Überall spiegelte sich der Patriotismus wieder. So wurde z.B. in der Satzung des Provinzialverbandes als Ziel *„die Pflege der kameradschaftlichen, vaterländischen und königstreuen Gesinnung"* definiert[238] und bei den Feuerwehren wurde das militärische Fußexerzieren übernommen.

Letzteres wurde erst spät nach dem Zweiten Weltkrieg wieder abgeschafft. Und so bedeutete auch freiwilliger Feuerwehrmann zu sein seit dieser Zeit bald nicht mehr nur bereitzustehen, um Feuer zu löschen oder bei anderen Nöten zu helfen.

Um die Mitgliedschaft in einer Freiwilligen Feuerwehr hatte sich zu dieser Zeit ein bestimmtes Ansehen, sogar ein Ideal des freiwilligen Feuerwehrmannes gebildet, das von den Führern der Wehren gefördert, aber auch gepredigt und gefordert wurde.[239]

Abb. 41: Exerzierübung mit der Hakenleiter, 1913

Der erste Weltkrieg wurde für das Deutsche Kaiserreich zum Fiasko. Je länger er dauerte, umso unerträglicher wurden die Belastungen für die Bevölkerung aufgrund von Versorgungsengpässen. Ihnen konnten sich auch die Feuerwehren nicht entziehen.

[238] Leupold, Daniel: Mentalitätswandel bei der Feuerwehr, Zeitschrift Feuerwehrchronik 31.01.2009

[239] Leupold, Daniel: Die freiwillige Feuerwehr in der Rheinprovinz bis 1918, Dissertation Köln 2003, S. 135

Bedingt durch die Materialschlachten wurden deren Feuerspritzen und andere Geräte eingeschmolzen, um daraus Kanonen herzustellen, und aus ihren Lederhelmen und ledernen Löscheimern wurden Schuhsohlen angefertigt.

Da es praktisch keine Feuerwehr gab, die keine Gefallenen zu beklagen hatte, wurde vielfach sogar versucht, das Personal mit Schülern, pensionierten Kräften und Frauen aufzustocken.

Im Westen führte die enorme Anzahl von verwundeten Soldaten dazu, dass die Feuerwehren auch zum Verwundetentransport zu den Krankenhäusern und provisorischen Lazaretten eingesetzt wurden. Und als weitere untypische Sonderaufgaben hatten diverse Feuerwehren infolge der erstmals erfolgten Bombenangriffe kriegswichtige Betriebe oder auch Bahnhöfe und Brücken zu überwachen.

Die Freiwilligen Feuerwehren zeichneten nicht nur viele Kriegsanleihen, sondern stellten auch Hilfspakete für einberufene Kollegen und Mittel zur Unterstützung ihrer Familienangehörigen zu Verfügung.[240]

In der Zeit nach dem ersten Weltkrieg fühlten sich manche Feuerwehrverbände und viele Freiwillige Feuerwehren, die nunmehr auch Arbeiter aufnahmen, anscheinend in militärischer und nationaler Hinsicht als Nachfolger des untergegangenen Kaiserreiches.

Deutlich wurde dies v.a. in den Inszenierungen öffentlicher Feste, die mittels Präsentationsformen an die frühere kaiserliche Armee anknüpften, oder auf Bildern, auf denen sich die Abteilungen von Feuerwehren gern stolz in ihren Uniformen ablichten ließen.

Nachdem die Nationalsozialisten bei den Märzwahlen von 1933, geprägt von Übergriffen auf politische Gegner und kurz nach dem Reichstagsbrand, dann die absolute Mehrheit errungen hatten, *„hatte es den Anschein, dass Hitler vorerst den besten Nährboden für*

---

[240] Schamberger / Leupold: Brandschutzgeschichte

seine Politik fand ... Kurzum die Feuerwehren reichten freudig der neuen Staatsführung die Hände. Noch bevor die neuen Machthaber ein Treuebekenntnis einforderten, bot ihr der Dachverband der Feuerwehren diese dar.'[241]

Diese Ergebenheit der Feuerwehren wurde jedoch schmählich belohnt. Sie unterlagen – im Gegenteil – zunehmend Restriktionen. Widerstrebende Mitglieder konnten nicht austreten, in jedem Ort musste eine leistungsfähige Feuerwehr vorhanden sein und gemäß dem preußischen Feuerlöschgesetz von 1933 standen die Feuerwehren im Sinne einer erstrebten Gleichschaltung von Einrichtungen fortan unter der Aufsicht des Ortspolizeiverwalters[242] und bedurften der Anerkennung durch die Polizeiaufsichtsbehörde. Bis dato musste zwar der Löschdienst als hoheitliche Aufgabe von den Behörden „beliehen" werden, konnte aber eigenverantwortlich agieren.

Abb. 42: FF Barmen, Abteilung 3, mit der hinein retuschierten Kaiser Wilhelm- und Friedrich Ruhmeshalle zur Ehre des Kaisers, um 1903

[241] Festschrift 130 Jahre FF Gladenbach (Hessen)

[242] Gesetz über das Feuerlöschwesen vom 15.12.1933; der Bürgermeister war i.d.R. der Ortspolizeiverwalter

Landläufig wurden sie daher in *„Feuerlöschpolizei"* umbenannt und den Dienstgraden der Polizei angepasst. Außerdem wurde die Wehrführung nicht länger gewählt, sondern nach Einführung des „Führerprinzips" bestimmt.

Das anlässlich des Reichstagsbrandes in Berlin[243] beschlossene Ermächtigungsgesetz von 1933 führte zudem zum Ausschluss missliebiger politischer Gegner aus dem Dienst der Feuerwehren.

Der Freiwilligen Feuerwehr wurde das Tragen von Uniformen und das Üben verboten, bis alle Mitglieder entweder in der NSDAP waren oder zumindest als unbedenklich galten.[244] In manchen Gemeinden hatten junge Männer ab 1934 nur die Wahl, entweder in die Freiwillige Feuerwehr oder in den Reichsarbeitsdienst einzutreten.[245] Und Juden, die vorerst von diesen *„Säuberungen"* verschont geblieben waren, wurden 1935 zunächst per Erlass gezwungen, aus der Feuerwehr auszutreten.

In der *„Reichskristallnacht"* des 9. November 1938 dann veranlassten die Nationalsozialisten die Zerstörung tausender jüdischer Geschäfte, Synagogen, Wohnungen und Friedhöfe. Dabei wurden etwa 400 Menschen ermordet oder in den Suizid getrieben. Den Feuerwehren wurde vielerorts befohlen, jüdische Einrichtungen nicht zu löschen, sondern nur die umgebende Nachbarschaft zu schützen.[246] Teilweise war die Feuerlöschpolizei sogar selbst an den Brandstiftungen beteiligt.[247]

Bereits am nächsten Tag wurden etwa 30.000 Juden in Konzentrationslagern inhaftiert.[248]

Wenige Tage später wurde das preußische Feuerlöschgesetz als Reichsfeuerlöschgesetz für ganz Deutschland verordnet und galt nach dem *„Anschluss"* Österreichs auch

---

243 Der Reichstagsbrand war am 27.02.1933; das „Gesetz zur Behebung der Not von Volk und Reich", besser bekannt als "Ermächtigungsgesetz", war vom 23.03.1933; das Feuerlöschgesetz (FLG) trat am 01.01.1934 in Kraft

244 Lt. Chronik FF Stuttgart

245 Lt. Chronik FF Idstein-Dasbach (Hessen)

246 Schneider, Michaela: Wo waren in der Reichspogromnacht die Feuerwehren?, www.ich-schreibe.com

247 Siehe die Prozesse anlässlich der Synagogenbrände beispielsweise in Wuppertal 1948–1949

248 Lt. Wikipedia

für die dortigen Feuerwehren.[249] Die Berufsfeuerwehr wurde danach zur *„Feuerschutzpolizei"* und die Freiwillige Feuerwehr zu einer Art Hilfspolizei umgewandelt.

Die Freiwilligen Feuerwehren verloren ihren Status als Vereine und Verbände.[250] An Stelle der Vereine trat eine nach Löscheinheiten gegliederte Hilfspolizeitruppe, deren Organisation der Reichsminister des Innern bestimmte.

Bezüglich der Feuerwehrtätigkeit der heranwachsenden Jugend fielen dem Hitlerjugend-Streifendienst als Sonderform der Hitlerjugend (HJ) durch den Erlass des „Gesetzes über die Hitlerjugend" vom Jahr 1936 sowie den Erlass zur Jugenddienstpflicht im März 1939 immer weiterreichende Kompetenzen zu.

Im Bestreben, das deutsche Volksvermögen vor Brandgefahr zu schützen, vereinbarten der Reichsjugendführer Baldur Benedikt von Schirach und Heinrich Himmler als Reichsführer SS und Chef der Deutschen Polizei am 21. April 1939 die Ausbildung und den Einsatz von HJ-Angehörigen im Feuerlöschdienst. Für diese Aufgabe wurden innerhalb des HJ-Streifendienstes HJ-Feuerwehrscharen gebildet, zu deren Aufgaben die Unterstützung der Einsätze der Feuerlöschpolizei und die Überwachung der Feuerschutzbestimmungen gehörten.[251]

Am 1. September 1939 begann der Zweite Weltkrieg.

Die Freiwilligen Feuerwehren hatten in Deutschland gezwungenermaßen vorerst aufgehört als solche zu existieren.

---

[249] Das Reichsfeuerlöschgesetz wurde am 23.11.1938 erlassen

[250] Laut der 3. Durchführungsverordnung vom 24.10.1939 konnten Juden nicht einer Pflichtfeuerwehr angehören. Jüdische Mischlinge konnten keine Vorgesetzten sein.

[251] Buddrus, Michael: Totale Erziehung für den totalen Krieg. Hitlerjugend und nationalsozialistische Jugendpolitik, Teil 1, München 2003: S. 384 Fn. 66; Im Krieg und mit zunehmenden Bombenangriffen auf das Reich verstärkten sich die Anforderungen an den Einsatz der HJ-Feuerwehrscharen. Ihnen wurde durch weitere Anweisungen Rechnung getragen.

Die Begriffsdefinition „Freiwillige Feuerwehr"

Die Fokussierung des Begriffs Feuerwehr scheint in einigen Fachkreisen nur für Löscheinrichtungen seit 1846, als dem Jahr der Gründung des Durlacher *„Pompier-Corps"*, zu gelten. Dies wird dadurch begründet, dass diese Löscheinrichtungen Brände mit ihrer militärmethodischen Ausbildung bekämpften und angeblich nur diese Strategie zum Erfolg führen würde.[252] Einige Fachkreise favorisieren Karlsruhe, weil dort erstmals die Bezeichnung Feuerwehr verwendet wurde. Andere Fachleute akzeptieren auch Meißen mit dem Gründungsdatum 1841. All dies ist jedoch zu bezweifeln.

Fast jede Brandbekämpfungseinrichtung, die nach Meißen und/oder Durlach gegründet wurde, behauptet, dass dies eine Gründung einer militärisch organisierte Feuerwehr war. Es stellt sich die Frage, ob die Auffassung zutrifft oder nur eine neue, andere Ausbildungsmethode vorlag.

Fiedler teilte beispielsweise 1873, also kurz nach dem deutsch-französischen Krieg und der Proklamation des Deutschen Kaiserreiches im Spiegelsaal von Versailles – folglich in der nationalen Begeisterung für das Militär in seiner Zeit –, die Geschichte der Deutschen Feuerlöschanstalten wie folgt ein:[253]

Erster Zeitabschnitt
Von den Anfängen obrigkeitlicher Fürsorge zur Abwendung von Feuersgefahr bis zu Einführung der Wasserkünste.
Vom 13. Jahrhundert bis zum Anfang des 16. Jahrhunderts.

Zweiter Zeitabschnitt
Von der Einführung der Wasserkünste bis zur Erfindung der Schlangen und Zubringer.
Vom Anfang des 16. Jahrhunderts bis zum Ausgang des 17. Jahrhunderts.

---

[252] Strumpf: Die älteste Feuerwehr, brandschutz 1992

[253] Fiedler: Geschichte der Deutschen Feuerlösch- und Rettungsanstalten

Dritter Zeitabschnitt

Von der Erfindung der Schlangen und Zubringer bis zur Bildung militärisch organisierter Feuerwehren.

Vom Ausgang des 17. Jahrhunderts bis in die Mitte des 19. Jahrhunderts.

Vierter Zeitabschnitt

Von der Bildung militärisch organisierter Feuerwehren bis in die neueste Zeit."

Ob eine militärisch organisierte Mannschaft zum Feuerlöschen unentbehrlich ist, ist eine unbewiesene Behauptung. Die Auffassung des Autors ist, dass dafür in erster Linie geordnetes Personal nötig ist – ob diese Ordnung militärisch oder zivil zweitrangig ist.

Laut Magirus existierten 1876 bereits über 2.600 Feuerwehren in Deutschland. Es ist jedoch zu bezweifeln, dass all diese militärisch organisiert waren.

Es stellt sich auch die Frage, ob beispielsweise die damaligen 91 Feuerwehren in Mähren ebenso militärisch organisiert und ausgebildet waren, wie die 240 in Sachsen oder die etwa 2900 in Bayern.[254] Generell ist zweifelhaft, ob ab 1846 alle freiwilligen Feuerwehren militärisch organisiert waren.

Außerdem gilt in Bayern als Gründungsdatum einer Freiwilligen Feuerwehr das Datum, an welchem die Feuerwehr vom Bayerischen Landesfeuerwehrverband anerkannt worden ist, und dies unabhängig von Personalstärke, Übungen oder weitergehenden Anforderungen.

Noch 50 Jahre nach dem zweiten Weltkrieg musste der Lehrgang B III an der Landesfeuerwehrschule Münster über den Hof in militärischer Formation marschieren. Sollte dadurch eine effektive Übung einer Brandbekämpfung sichergestellt werden?

[254] Magirus: Das Feuerlöschwesen in allen seinen Theilen

„Ordnung ist die erste Bedingung einer guten Feuerwehr und eine richtige Eintheilung ist das einzige Mittel die Ordnung aufrecht zu erhalten", hieß es um 1850.[255]

Es gab nämlich zu dieser Zeit noch keine einheitliche Feuerwehrausbildung und -ausrüstung. Im Feuerlöschwesen im Deutschen Reich war bis zum Beginn des Dritten Reichs immer noch eine recht große Typenvielfalt an Organisationsformen, Ausrüstungen und Geräten vorhanden. Insofern ist eine erst Jahrzehnte später in einer Norm aufgestellte Begriffsdefinition „Feuerwehr" nicht relevant.[256]

Abb. 43: Feuerwehr-Fachschule Koblenz, 56. Kursus vom 09.-15. 10.1938

Erst 1939 wurde nämlich mit der Polizeidienstvorschrift PDV 23, dem späteren *„Heimberg-Fuchs"*, begonnen, eine formale Einheitlichkeit bei einem Löscheinsatz zu erreichen.[257]

Wie bereits erwähnt, verstand man unter dem *„Wehren des Feuers"*[258] dem Feuer Einhalt zu gebieten, damit sich dessen Auswirkungen nicht verbreiterten. Wie bereits beschrieben, wurde der Begriff dem Feuer *„wehren"* über mehrere Jahrhunderte lang in

[255] Magirus: Alle Theile des Feuerlöschwesens

[256] DIN 14011-9:1985-03: Begriff Feuerwehr

[257] Heimberg-Fuchs, identisch mit „Die Ausbildung der Feuerschutzpolizei", PDV 23, 1939

[258] Adelung, Johann Christoph: Grammatisch-kritisches Wörterbuch der Hochdeutschen Mundart, 1811

den Feuerordnungen verwendet, bis er in der napoleonischen Zeit in Vergessenheit geriet. In dieser Zeit wurden nämlich viele französische Wörter anstelle der deutschen verwendet.

Der Begriff freiwillig, d. h. ungezwungen und unentgeltlich, ist eindeutig, obwohl letztendlich die Bereitwilligkeit zu einem Einsatz und nicht die Art der Mannschaft das entscheidende Kriterium ist.

Da rein durch die Begriffserklärung keine eindeutige Antwort auf die Frage gewonnen werden kann, welche Einrichtung als erste freiwillige Feuerwehr in Deutschland zu betrachten ist, sollen im Folgenden neben der Bezeichnung Feuerwehr weitere Kriterien betrachtet werden: Die Statistiken von Löscherfolgen und Mannschaftsgrößen einerseits und die von Scabell 1853 aufgestellten Kriterien für einen geordneten Löscheinsatz andererseits.

Statistische Erhebungen

Nach der Zusammentragung der großen Brände, die Gustav Effenberger im Auftrag des Preußischen Beirates erstellt hat, fanden in Deutschland im Zeitraum von 1850 bis 1900 insgesamt 74 Großbrände statt, gegenüber 52 Bränden in den vorhergehenden 50 Jahren.[259]

Dabei ist anzunehmen, dass das Feuerrisiko insgesamt etwa gleich blieb. Denn einerseits steigerten die Industrieanlagen die Brandgefahr, andererseits sank durch die Auswanderungswelle von über 6 Millionen Deutschen nach Amerika die Bevölkerungsdichte und damit das Risiko von Schornstein- und Wohnungsbränden. Auch wurde die erhöhte Bevölkerungsdichte in den Städten durch zunehmende Verwendung von Ziegeln als Baumaterial hinsichtlich des Brandrisikos ausgeglichen. Zudem wurde insbesondere die Gefahr von sich ausbreitenden Fabrikbränden durch die sich zwischenzeitlich installierten Werksfeuerwehren bekämpft.

[259] Effenberger: Die Welt in Flammen

Trotzdem stieg die Zahl der Großbrände – also solcher, die außer Kontrolle gerieten – in der 2. Hälfte des 19. Jahrhunderts gegenüber der 1. Hälfte um über 50%. Insofern ist keine wesentliche Verbesserung des Brandschutzes durch *„militärisch organisierte Feuerwehren"* zu erkennen.[260] Hierzu trugen wahrscheinlich auch die vielen Polizeivorschriften in Preußen als Sorgfalt gegen Feuersgefahr bei.

Betrachtet man im Einzelnen die frühen Gründungen von *„Freiwilligen Feuerwehren"* in den Jahren 1846 und 1847, so wurden beispielsweise von den allseits bekannten zwölf frühen Pompier-Corps[261] im badischen Raum bereits fünf unmittelbar nach der Revolution aus politischen Gründen aufgelöst, zwei weitere änderten offensichtlich schnell ihren Namen in *„Freiwillige Feuerwehr"*.[262]

In Ravensburg kam es immer wieder zu Klagen, dass die Mitglieder des Pompier-Corps kaum zu Übungen erschienen, es wurde später gleichfalls aufgelöst.

In Eppingen mussten die 27 Mann des Pompier-Corps durch Verpflichtete verstärkt werden; das Corps wies beispielsweise 1852 insgesamt nur noch 40 Mann auf.

Hier stellt sich eine weitere Frage: Wie viele Mitglieder musste ein Löschverein aufweisen, um eine *„Feuerwehr"* zu sein? Wie bereits erwähnt waren 1728 bei den *„Wittkittels"* 20 Mann pro Spritze zugeteilt; Metz genügten anfänglich 12 Mann und Hengst in Durlach benötigte 50 Mann, auf die einige Jahre später Metz ebenfalls umschwenkte.

Im Umkehrschluss würde dieses bedeuten, dass alle Löscheinrichtungen unter 50 Personen keine Feuerwehr gewesen sein sollen.

---

[260] ZEIT: Zwischen 1820 und 1870 wanderten etwa 6 Millionen Deutsche nach Amerika aus, Geschichte Nr. 03/2001

[261] Heilbronn, Durlach, Rastatt, Heidelberg, Ettlingen, Karlsruhe, Reutlingen, Tübingen, Ravensburg, Schwäbisch Hall, Eppingen, Ulm

[262] Es wurden aufgelöst Heidelberg 1848, Rastatt 1849, Heilbronn 1852, Reutlingen 1852, Ulm 1852 – außer der Rettungsanstalt, Eppingen 1852, Änderung von Tübingen in FF 1850 + Schwäbisch Hall in FF 1851; lt. Chroniken + Röcker: 150 Jahre FF Eppingen, darin: Die Gründung der FF Eppingen 1847; ferner wurde die Feuerlösch- und Rettungsabteilung in Großenhain (Sachsen) 1849 aufgelöst.

Aus der Anlage „*Frühe Löschanstalten und Rettungsvereine*“ ist zu ersehen, dass sich vor Meißen bereits etwa 30 freiwillige Löscheinrichtungen und mehr als 45 Rettungsvereine gegründet hatten.

Ferner hatten sich im gleichen Jahr wie die Durlacher Gründung mehrere Corps in anderen deutschen Ländern gegründet. Bis Ende 1848 existierten über 50 freiwillige Lösch- und 55 Rettungsvereine.[263] Auf die wenigen Gründungen von Löscheinrichtungen in den Jahren von 1850 bis 1855 wurde bereits hingewiesen.

Es verblüfft einen, dass – außer dem „*Verein zur Bildung einer freiwilligen Lösch- und Rettungsmannschaft*“ in Karlsruhe, der sich erst nach einigen Monaten als „*Freiwillige Feuerwehr*“ bezeichnete – alle weiteren ersten freiwilligen Löscheinrichtungen im badischen Raum sich als „*Pompier-Corps*“ und nicht als „*Feuerwehren*“ titulierten.

Abb. 44: Uniformen der Freiwilligen Feuerwehr um 1900

263 Magirus: Das Feuerlöschwesen im allen seinen Theilen. 1846 gab es demnach 6 – wobei die FF Hechingen die Gründung mit 1852 lt. Chronik angibt – und im Jahr 1855 insgesamt nur 59 Feuerwehren

Ferner ist bei Effenberger aufgeführt, dass *„in jener Zeit, also um die Mitte des vorigen Jahrhunderts, fast 60 Städte, darunter recht bedeutende wie Barmen, Darmstadt, Chemnitz, Erlangen, Karlsruhe, Mainz, Nürnberg, Trier, Wiesbaden usw. usw. ihren Feuerschutz freiwilligen Feuerwehren anvertrauten.“*[264] Augenscheinlich trauten die Bürger der Obrigkeit in Bezug auf das Löschwesen nicht viel zu.

Die „Notwendigkeit eines geordneten Feuerlöschwesens“

Scabell, der königliche Branddirektor in Berlin, hielt das Freiwilligenprinzip in einer Großstadt für ungeeignet und propagierte eine besoldete und kasernierte Mannschaft zur Brandbekämpfung. Tatsächlich wurde eine Genehmigung zur Einstellung von fast 1.000 Männern für den Brandschutz erteilt. 1853 stellte Scabell die *„nothwendigsten Erfordernisse eines geordneten Feuerlöschwesens“* auf:

> *„1. dem schnellen und sichern Bekanntwerden der Brandstelle,*
> *2. dem schnellen Herbeieilen der Löschmannschaften,*
> *3. guten und ausreichenden Geräthschaften,*
> *4. eingeübten Bedienungsmannschaften,*
> *5. einem einheitlichen Kommando und*
> *6. hinreichendem Wasservorrath.“*

Hierzu ist Folgendes auszuführen:

Zu 1 [dem schnellen und sichern Bekanntwerden der Brandstelle] :

Um auf die Brandstelle aufmerksam zu machen, waren bis dahin – entsprechend den gegebenen Möglichkeiten der jeweiligen Zeit – in den Feuerlöschordnungen verschiedene, teils wenig präzise Methoden vorgesehen: „*Feuergeschrei*“ erst durch diejenigen,

---

[264] Effenberger: Die Welt in Flammen, Seite 813

die den Brand entdeckten, und dann durch Turmwächter[265], Stadtwachen, spezielle Brandwachen nur zu bestimmten Jahres- oder Tageszeiten, Feuerreiter, Schießen mit Büchsen, Flinten und Kanonen, das Blasen von Hörnern und das Rasseln der Klapper der Nacht- oder Brandwächter, Trommeln, große Hämmer zum Anschlagen an die Haustüren, Glockenleuten, Aushängen von Fahnen und nachts rote Laternen.[266]

Menschliches Fehlverhalten war hierbei jedoch nicht ausgeschlossen. Das *„schnelle und sichere Bekanntwerden der Brandstelle"* konnte nur durch die neu erfundene elektromagnetische Telegraphenanlage, also durch Technik, gewährleistet werden.

Zu 2 [dem schnellen Herbeieilen der Löschmannschaften]:

Da Wohnen und Arbeiten, ausgenommen die Landwirtschaft, früher innerhalb von Stadtmauern und später auch in den Vorstädten zusammenlagen, war das schnelle Herbeieilen der Bürger und/oder Zunftmitglieder mit ihren *„Feuerrüstungen"* kein grundsätzliches Problem. Die zum Löschen eingeteilten Personen waren samt ihren Gerätschaften ohnehin vor Ort.

Inwieweit sich die Löscheinrichtungen in Meißen und Durlach oder die darauf folgenden Feuerwehren schneller zusammenfanden als die vorhergehenden, ist eine ungeklärte Frage, weil das schnelle und sichere Bekanntwerden der Brandstelle noch nicht gelöst war. Nebenbei bemerkt waren um 1880 noch in 61 Städten Turmwachen vorhanden. [267]

Mit dem raschen Anwachsen von Städten und der Entwicklung von Industriebetrieben fand man es jedoch übertrieben, die ganze Einwohnerschaft wegen eines Kleinfeuers zu alarmieren und/oder in Unruhe zu versetzen.

---

[265] In Marienberg (Sachsen) soll bereits um 1530 eine „Thurmwacht" eingeführt worden sein, siehe Chronik der FF Marienberg

[266] Insofern gab es schon im Mittelalter eine geregelte Alarmierung und ein unverzügliches Abrücken zur Einsatzstelle.

[267] Doehring, Wilhelm: Handbuch des Feuerlösch- und Rettungswesens. Mit besonderer Berücksichtigung der Brandursachen und der baulichen Verhältnisse, sowie der neuesten Apparate und Erfindungen. Für Regierungsbeamte, Gemeindebehörden, Feuerwehr-Commandos, Landwirthe, Hausbesitzer etc., Berlin 1881

Die Arbeiter in den Städten hatten im Übrigen andere Probleme, nämlich soziale und wirtschaftliche, als sich am Löschwesen zu beteiligen. Beispielsweise wurde im Jahr 1853 das Mindestalter für Kinder für die Arbeit in Fabriken zwar auf zwölf Jahre angehoben, aber noch fünf Jahre später arbeiteten über 12.000 Kinder im Alter von 8 bis 14 Jahren in preußischen Fabriken.[268]

Es war also in der zweiten Hälfte des 19. Jahrhunderts weder machbar noch sinnvoll, die gesamte städtische Bevölkerung in die Brandbekämpfung mit einzubinden.

Zur Reduzierung von Ausrückzeiten der Feuerwehr wurde daher Personal in oder neben Feuerwehrhäusern angestellt, um schnell zu einem Brand ausrücken zu können; in Großstädten entwickelten sich daraus die ständigen Feuerwehrhäuser, die späteren Berufsfeuerwehren.

Abb. 45: Szene am Morgen des 4. Novembers 1826 in der Burgstraße in Berlin, der spätere Kaiser Wilhelm I. geht gerade mit einem Eimer Wasser die Treppe hinauf

[268] Wikipedia: Kinderarbeit; Chronik der Deutschen: 1899 Massenstreiks für Bergarbeiterrechte

Durch bestimmte technische Systeme, wie große Straßenläutewerke und Wecker in den Wohnungen von Feuerwehrleuten, wurden bei Großfeuer Verstärkungen herbeigerufen. Viele Feuerwehren in Landgemeinden fühlten sich hierdurch benachteiligt.

Bis zur Automobilisierung Anfang des Ersten Weltkrieges waren die Pferde das eigentliche Maß für die Schnelligkeit. Daher versuchte man, die Feuerwehrhäuser möglichst sinnvoll zu verteilen.

Hinsichtlich der Ambition einer freiwilligen Feuerwehr hat sich im Laufe der Zeit nichts Grundlegendes geändert. In den Statuten des Rottenburger Pompiers-Corps[269] ist 1852 beispielsweise aufgeführt: *„Es hat sich im Januar 1852 ein selbständiges Pompiers-Corps aus Freiwilligen dahier gebildet, welches bei Feuersgefahren die Rettung des bedrohten Lebens und Eigentums zur Aufgabe sich stellt.“*

1870 heißt es in einer Anleitung zur Errichtung freiwilliger Feuerwehren[270] von einem Mitglied des Vorstandes des Rheinisch-Westfälischen Feuerwehrverbandes: *„Zweck der freiwilligen Feuerwehren ist geordnetes Zusammenwirken bei Feuersgefahr, um Leben und Eigenthum nach Möglichkeit zu schützen“.*

Noch 1894 besagt ein Statut der freiwilligen Feuerwehr zu (Remscheid-)Lüttringhausen[271] folgendes: *„Die freiwillige Feuerwehr hat den Zweck, durch ordentliches Zusammenwirken bei Feuersgefahr in unserem Gemeindebezirke und nötigenfalls in den benachbarten Ortschaften Leben und Eigentum der Mitbürger resp. Nachbarn nach Kräften zu schützen“.*

Bei den vorbeschriebenen Bestrebungen sind keine militärisch organisierte Brandbekämpfungseinrichtungen als Initialzündung, sondern nur der Aufgabenbereich Personenrettung und Schutz von Eigentum erkennbar.

---

[269] Festschrift zum 140jährigen Jubiläum 1991 der FF Rottenburg-Stadtmitte

[270] Thiemann, Wilhelm: Anleitung zur Einrichtung freiwilliger Feuerwehren, Mitglied des Vorstandes des Rheinisch-Westfälischen Feuerwehr-Verbandes , Elberfeld, 1870

[271] Statut der Freiwilligen Feuerwehr zu (Wuppertal-) Frielinghausen ;welche früher zu (Remscheid-) Lüttring-hausen gehörte), Lüttringhausen 1894, Stadtarchiv Wuppertal

Zu 3 [guten und ausreichenden Geräthschaften]:

Die Anschaffung von *„guten und ausreichenden Geräthschaften"* war einzig und allein von der finanziellen Lage der Gemeinde sowie vom guten Willen der Gemeindevertreter abhängig.[272] Außerdem gab es insbesondere ab 1850 ständig mehr oder weniger brauchbare neue Erfindungen im Feuerlöschwesen.

Nur wohlhabende Kommunen hatten jedoch genug Geld, sich ständig moderne Löschgeräte kaufen zu können. Noch Ende des 19. Jahrhunderts war die Eimerkette zur Füllung der Druckspritzen mit Wasser auf dem Land keine Seltenheit, da die Entnahme mittels eines Hydranten aus einem Wasserverteilungssystem dort oft einfach noch nicht gegeben war.[273]

Über den Anfang des 19. Jahrhunderts wird ausgesagt, dass sich die freiwilligen Feuerwehren dem *„communalen"* Löschwesen eindeutig überlegen zeigten.[274]

Aber auch bei den Feuerwehren war die Ausstattung alles andere als einheitlich. Bis auf einige Ausnahmen bestand beispielsweise die Kleidung um 1850 – aus revolutionärer Abneigung gegen eine Uniform – meist aus einer Jacke und ggf. einer Hose aus grauleinenem Stoff, die der in die Freiwillige Feuerwehr Eintretende sich selbst anzuschaffen hatte und die zur Zeitersparnis über die gewöhnliche Kleidung passen musste.[275] Ob diese Kleidung eine Schutzkleidung im Brandfall – außer gegen Witterungsverhältnisse und Verschmutzung – war, ist aufgrund der Art fragwürdig.

Die *„Turnerfeuerwehren"* trugen meist ihre Turnkleidung, die aus locker geschnittenen Turnerblusen bestand. Später wurde die Kleidung der Feuerwehren doch noch zu einer Art von Uniform normiert.

---

[272] Übrigens war die Instandhaltung der Feuerlöschgeräte bereits in allen älteren Feuerlöschordnungen vorgesehen, auch wenn sie nicht immer durchgeführt wurde.

[273] Wikipedia: Hamburg erhielt 1848 die erste moderne Wasserversorgung Deutschlands; siehe auch Anm. 66

[274] Wucke: Gebrochen ist des Feuers Macht

[275] Lt. Chronik FF Heilbronn

Die fehlende Einheitlichkeit galt gleichermaßen für die Messing- und Lederhelme. Magirus führte hierzu 1851 Folgendes aus: „... *es sind z. B. die hohen Kämme der Pariser und Genfer Helme sehr hübsch, können aber dem Steiger bei Aus- und Einsteigen durch Fensteröffnungen nur hinderlich seyn.*"

Auch fast fünfzehn Jahre später, beim Feuerwehrtag in Leipzig, hieß es: „*Hunderte von blitzblanken Helmen zeigten sich in den abenteuerlichsten Formen, viele mit riesigen Roßhaarbüschen...*".[276] Die Praktikabilität von Rosshaarbüschen an einem Feuerwehrhelm darf ebenfalls angezweifelt werden.

In der Satire „*Deutschland. Ein Wintermärchen*" äußerte sich der Dichter Heinrich Heine 1844 auch zu den unkontrollierten Bränden: „*Baut Eure Häuser wieder auf und trocknet Eure Pfützen und schafft Euch bessere Gesetze an und bessere Feuerspritzen*".

Nachdem 1901 der erste Feuerwehrmotorwagen vorgestellt wurde, fing der Expertenstreit über den geeignetsten Antrieb – Dampfmaschine, Elektroantrieb oder Verbrennungsmotor – an. Eine Besonderheit bildeten die benzin-elektrischen Fahrzeuge mit Vierradantrieb und Rundlaufpumpe. Dieses System wurde 1908 in (Wuppertal-) Elberfeld gewählt, weil es eine „*größere Adhäsion bei der Bergfahrt erzielte und ein sicheres Fahren bei Schnee und Glatteis*" gewährleistete.

Die Motorisierung setzte sich zwar langsam, aber stetig durch. Erst 1927 schaffte man auch in Berlin die letzten Pferde bei der Berufsfeuerwehr ab.

Wie bereits erwähnt, gab es Probleme bei den überörtlichen Löscheinsätzen gegeben, weil die Feuerwehren sich nicht auf einheitliche Schlauchkupplungen einigen konnten. Hier führten erst die Feuerwehrtage mit ihren Fachausstellungen und die späteren Einrichtungen von Feuerwehrschulen in Verbindung mit der Entstehung der (Reichs-) Normen allmählich zu Teilerfolgen.

---

[276] Hirth, Georg: Der sechste deutsche Feuerwehrtag zu Leipzig, den 19. Bis 22. August 1965. Eine eingehende Darstellung für Mitglieder und Freunde der deutschen Feuerwehren, Leipzig 1865

Zu 4 [eingeübten Bedienungsmannschaften]:

Üblicherweise fanden seit der Erfindung von Feuerspritzen mehrmals öffentliche Spritzenproben statt. Ferner waren bestimmte Personen für die Instandhaltung der Gerätschaften bestimmt. Mehr wurde nicht für erforderlich gehalten. Anfänglich waren die Geräte – mit Ausnahme der Feuerspritze – ja auch gleichzeitig übliche Handwerksgeräte und einfach zu bedienen, wie auch die Anstellleitern.

Als Übung bezeichnet man den Vorgang, bei dem erworbene, aber noch unsichere Lernstrukturen durch mehrfache Wiederholung stabilisiert werden sollen.[277]

Diese war weder für die Reihenbildung mit Feuerlöscheimern noch für die Pumper an den Feuerspritzen erforderlich. Selbst Magirus hielt es für ausreichend, wenn jeder Feuerwehrmann dreimal jährlich *„zum Ausrücken beordert"* wurde.[278]

Beispielsweise soll das *„Brandcorps"* in Aachen seit 1836 viermal im Jahr geübt haben, während das Durlacher Pompier-Corps im Winter 1846/1847 nach einem Reglement von Hengst sehr oft geübt haben soll. Aber Durlach hatte (zehn Jahre später) schon Hakenleitern, um höhere Gebäude mit tragbaren Leitern erreichen zu können, und eine *„Pompierspritze"* von Metz, die beide eine Einübung erforderten. Metz hatte ja bei jedem Verkauf einer Spritze eine Übergabeunterweisung angeboten; diese war aber im Übrigen nicht militärisch organisiert.

„Unter diesen Voraussetzungen [freiwillige Vereine] kann ich die Versicherung geben, dass ich solche Leute im Gebrauch der Gerätschaften nach drei Proben vollständig vertraut machen werde...", versprach Metz.[279]

Im Allgemeinen wurden häufige Übungen bei den Freiwilligen Feuerwehren Ende des 19., Anfang des 20. Jahrhunderts nicht für nötig gehalten. Im Zeitraum von 1886 bis

277 Wikipedia: Übung

278 Magirus: Alle Theile des Feuerlöschwesens

279 Fleck: Gestalten aus dem Brandschutz und Feuerwehrwesen; inwieweit eine Ausbildung mit militärischen Methoden unter häufigem Üben erforderlich ist, ist umstritten.

1931 hielten beispielsweise in Landgemeinden vom Amt Münster nur etwa 35 % der *„Brandwehren"* zweimal und der Rest nur dreimal jährliche Übungen ab.[280]

Im Wesentlichen erforderten erst die neuen und meist immer komplizierten Techniken, wie beispielsweise den Einsatz von Rettungsmitteln und die Dampfspritzen, eine Einübung. Hier war natürlich das angestellte Personal erheblich im Vorteil. Dies erkannten auch die Feuerwehren und bildeten aufgrund der neuen Techniken verschiedene Spezialabteilungen, wie Steiger-, Rettungs- und Hydrantenabteilungen.

Der *„preußische Drill"* und das Exerzieren von Feuerwehrleuten zu Fuß und auch mit Geräten hatte jedoch nichts mit Üben, also Erlernen einer Fertigkeit, zu tun.

Hinsichtlich der Pflichtfeuerwehren heißt es, dass *„bei einem Brande die Mitglieder sofort erscheinen mußten und wußten, welchen Dienst sie zu verrichten hatten. Da sie auf mehrere Jahre, meistens zwei, dazu verpflichtet waren, erwarben sie gewöhnlich während dieser Zeit eine gewisse Geschicklichkeit in ihrer Tätigkeit."*[281]

Mit dem modernen Begriff bezeichnet war man also mit „learning by doing" zufrieden.

Die ab ca. 1900 durch die Neuentwicklung von Rauchschutzhelmen möglich gewordene Brandbekämpfungsmethode des Innenangriffs setzt allerdings ein koordiniertes Vorgehen sowie ein sinnvolles Reagieren auf die Gegebenheiten am Brandherd voraus, für das einige Übung und Erfahrung nötig ist.

Zu 5 [einem einheitlichen Kommando]:

Eine hierarchische Kommandostruktur gab es in allen Feuerlöschordnungen. Die Leitung im Brandfall lag gewöhnlich bei dem Bürgermeister und den Ratsherren oder den von ihnen bestimmten Feuerherren.

[280] Verband der Feuerwehren NRW e.V., Verbandsarchiv

[281] Jüchen: Geschichte des Feuerschutzes in Rheinland und Westfalen

Magirus führte hierzu aus: „*Bei Behandlung dieses Gegenstandes [das Commando] muß vor Allem ins Auge gefaßt werden, dass das Commando einer Feuerwehr nicht die entfernteste Aehnlichkeit mit dem einer bewaffneten Abtheilung hat, denn während beim bewaffneten Corps nur von Einem Commandanten Befehle ertheilt werden können, ist es bei einer Feuerwehr auch dem Umsichtigsten nicht möglich, unmittelbar alle nöthigen Anordnungen zu treffen.*

Da aber doch nur Einer befehlen soll, so wird jede Abtheilung nur ihrem Obmann Gehorsam schuldig seyn und selbst der Commandant der ganzen Feuerwehr ...wird nur durch die Obmänner Befehle ertheilen."[282]

Beispielsweise hatte in Düsseldorf (Nordrhein-Westfalen) 1826 im Brandfall ein Gremium die Leitung, das aus dem Oberbürgermeister, dem Polizeiinspektor, einem des Bauwesens kundigen Stadtrat und den drei Kompaniechefs bestand. Durch eine Verfügung der Regierung von 1838 wurde dies geändert und das Kommando einer einzigen Person übertragen.[283]

Natürlich bemängelten die Freiwilligen Feuerwehren das Fehlen einer einheitlichen Leitung im Brandgesehen, aber die lokalen polizeilichen und/oder landesgesetzlichen Bestimmungen mussten befolgt werden. Wie kompliziert die Führungsstruktur andernorts war, zeigt deutlich die Feuer Polizei-Ordnung für die Großherzogliche Badische Hauptstadt Freiburg von 1838, wonach „*die Löschdirektion den unmittelbaren Befehl über jede Abteilung des Brandcorps hat, und besteht aus:*

a) dem Stadtdirektor oder seinem Stellvertreter, von welchem die oberste Leitung aller während des Brandes zu treffende Anordnungen ausgeht,
b) dem Rittmeister der Gendarmerie,
c) dem Bezirksbaumeister,
d) dem Bürgermeister,
e) dem Chef des Bürgermilitärcorps,
f) dem Übungsmeister und
g) dem städtischen Bauverwalter.

---

[282] Magirus: Alle Theile des Feuerlöschwesens
[283] Jüchen: Geschichte des Feuerschutzes in Rheinland und Westfalen

Zum Vollzug oder Verkünden ihrer Befehl dienen zwei Gendarmen, der öffentliche Ausrufer, zwei Bürgersoldaten und die Ordonanzen, welche jede Abteilung der Pionniers und der Rettungsmannschaft an die Direktion absendet, so wie sie auf der Brandstätte eingetroffen sind."[284]

Oft war das Führungsgremium aus Honoratioren aber uneins und wurde somit in Frage gestellt. Die freiwilligen Lösch- und/oder Rettungseinrichtungen, die nur einen Teilbereich des kommunalen Löschwesens abdeckten, hatten hier ihre Schwierigkeiten und versuchten natürlich dies abzustellen.

Einer einheitlichen und damit klaren Befehlsgebung standen aber, wie aufgezeigt, landesgesetzliche oder lokale Bestimmungen entgegen. Erst allmählich setzte sich – als eine Auswirkung der Errichtung von Feuerwachen und Berufsfeuerwehren – durch, dass die Leitung im Brandgeschehen nur Fachleuten übertragen wurde.[285]

Zu 6 [hinreichendem Wasservorrath]:

Schon früh erkannte man, dass Wasser ein simples und oft effektives Mittel zur Brandbekämpfung ist. Wie bereits erwähnt, hatten bereits 1250 die Weinträger in Würzburg im Brandfall beim Domstift Wasser herbeizutragen. Das Löschwasser wurde neben den Eimerreihen in großen Wasserbehältern und später in Wasserwagen zum Einsatz transportiert.

Mit Einführung der „*Wasserkünste*" zur Trinkwasserversorgung in den Städten verknüpfte man gleichzeitig auch Maßnahmen zur Löschwasserversorgung, für die meist ein Röhrenmeister zuständig war.

In fast allen Ländern war später im Wege der Landesgesetzgebung den Gemeinden die Beschaffung von Wasservorräten in Form von Brunnen, Zisternen, Feuerlöschteichen usw. zur Pflicht gemacht worden.

---

[284] wikisource: Feuer Polizei-Ordnung für die Großherzogliche Badische Hauptstadt Freiburg 1838

[285] Fiedler: Geschichte der Deutschen Feuerlösch- und Rettungsanstalten

Aus den Wasserkünsten entwickelten sich im Zuge der Dampfkraft und der späteren Elektrizität Trinkwassersysteme, die gleichzeitig auch Hydranten für die Brandbekämpfung versorgten und somit die manuelle Wasserzubringung überflüssig machten.

Beim Brand des Neuen Baus in Ulm am 19. Februar 1924 hatten sechs Dampfspritzen insgesamt 16 Millionen Liter Wasser auf ein rund 2200 qm großes Gebäude abgegeben. Dies hätte das Areal mit einem Wasserstand von über sieben Meter überdeckt, wenn das Wasser nicht verdampft bzw. abgeflossen wäre. Trotzdem ist der Bau zur Ruine geworden.[286]

Ab einer bestimmten Brandgröße sichert offensichtlich auch ein hinreichender Wasservorrat nicht den Erfolg eines Löscheinsatzes.

[286] Jüchen: Geschichte des Feuerschutzes in Rheinland und Westfalen: 465.000 l/Std

Resümee

Im Nachhinein ist es schier unmöglich, Voraussetzungen für Einrichtungen im Hinblick auf irgendwelche Anerkennungen zu definieren. Manche Löschvereine wurden im Zuge der Auswirkungen der Revolution und der darauf folgenden Restauration nach kurzer Zeit wieder verboten oder lösten sich durch interne Rückschläge auf.

Eine Unterscheidung in „*Vorläufer von Freiwilligen Feuerwehren*" und „*militärisch organisierte Feuerwehren*" ist insofern nicht möglich.

Entscheidend ist, dass sich Bürger – unabhängig von der Obrigkeit – zusammenfanden, um in einer definierten Einrichtung – ganz egal wie die Bezeichnung auch lautete – entsprechend dem Zeitgeist bei einer Brandbekämpfung auf freiwilliger Basis mitzuhelfen und/oder diese gänzlich zu übernehmen.

Erstmals wurden insofern hoheitliche Aufgaben der Gemeinden von Selbsthilfeeinrichtungen der Bürger übernommen. Diese Privatinitiativen setzten sich nach und nach im Löschwesen durch.

Die Rettungsvereine lenkten das Hauptaugenmerk, das bis dahin bei der Brandbekämpfung und dessen Prämiensystem lag, wieder deutlich auf die Rettung von Menschen und Tieren. Dies setzten die Turner fort und brachten auch die Fitness in die Brandbekämpfungseinrichtungen ein.

Natürlich gab es, wie in jeder freiwilligen Einrichtung, die viele Jahrzehnte bzw. Jahrhunderte existierte, gute und schlechte Zeiten, auch in der jeweiligen Leistungsfähigkeit.

Nach wie vor kann es infolgedessen nur richtig zu sein, dass eine Feuerwehr eine Einrichtung aus einer organisierter Mannschaft und entsprechendem Gerät ist, die entsprechend dem Wissen und den Möglichkeiten ihrer Zeit, einem Brand Einhalt zu gebieten sucht und somit Menschenleben schützt.

Es gab bei den frühen Brandbekämpfungseinrichtungen aufgrund fehlender Technik nur begrenzte Möglichkeiten zum schnellen und sicheren Bekanntwerden der Brandstelle, zum schnellen Herbeieilen der Löschmannschaften, für gutes und ausreichendes Gerät zu sorgen und ausreichendes Löschwasser zu bevorraten. Die üblichen Handwerksgeräte erforderten kein mehrmaliges Üben. Das Kommando an der Brandstelle oblag aufgrund von gesetzlichen Bestimmungen immer der Obrigkeit.

Für Löschanstalten existierten bis zum Anfang des 20. Jahrhunderts weder eine Mindestgröße, noch eine einheitliche Ausbildung, Geräte, Schutzkleidung, Helme etc. Zwar versuchten die sich bildenden Feuerwehrverbände in der Vielfalt Ordnung zu schaffen, aber es gelang ihnen nicht, wie das System der Schlauchkupplungssystem zeigt.

Außerdem konnte die von einigen Historikern titulierte „militärische Feuerwehr" mit dem Nummernsystem, welche zweifelsohne seinen Ursprung in Durlach hatte, sich nur bei einigen wenigen Freiwilligen Feuerwehren – im Gegensatz zu den sich bildenden Berufsfeuerwehren – durchsetzen. Denn das Nummernsystem führte dazu, dass Ausfälle nicht einfach von anderen Kräften kompensiert werden konnten. Statt zu exerzieren pflegte man lieber die Geselligkeit. Auch lehnten die Freiheitsbestrebungen in der Bevölkerung Anfang des 19. Jahrhunderts den „preußischen Drill" ab.

Durch die Negierung der Bezeichnungen für ältere Löscheinrichtungen in der Mitte des 19. Jahrhunderts ist historisch gesehen inzwischen jede Form der organisierten Brandbekämpfung als eine Feuerwehr anzusehen.

In diesem Sinne und infolge der Ausweitung des Begriffs Feuerwehr wären weder das 1846 gegründete Pompier-Corps in Durlach noch die Feuerwehr von 1847 in Karlsruhe die erste Freiwillige Feuerwehr in Deutschland, sondern die 1745 in Wuppertal [Barmen-] gegründete „Freywilligen" Vereinigung.

An den Zielsetzungen der Freiwilligen Feuerwehr, nämlich Rettung und Gegenwehr zu einem Schadenfeuer, hat sich bis heute nichts geändert.

Bildnachweise:

Titel: Auszug aus der FO Grimma (Sachsen) 1657, Universitäts- und Landesbibliothek Sachsen Anhalt, VD 17 3:634182V + Spritzenemblem Wuppertal-Hahnerberg, 1864, Privatbesitz Bernd-Dietrich Rassek

Abb. 1: Einteilung der Oberbürgermeisterei Krefeld in Feuer-Reviere, Auszug aus der FO 1876; Hoffmann, Hermann: Sammlung der für die Stadt Crefeld erlassenen Polizeiverordnungen etc., Crefeld 1895

Abb. 2: Deutschlandkarte 1138–1273, Brockhaus Conversations-Lexikon, 13. Aufl., 1822, Privatbesitz Bernd-Dietrich Rassek

Abb. 3: Bürgereid, Auszug aus der FO Zittau 1741, Sächsische Landesbibliothek – Staats- und Universitätsbibliothek Dresden, SLUB Dresden, Signatur: Hist.Sax.H.95, 95b

Abb. 4: Begründung zu einer FO, Erfurt (Thüringen) 1777, BSB Bayerische StaatsBibliothek München, Signatur: 4 Pol.civ. 8 ws#Beibd 3, Bl. 6, urrn:de:bvb:12-bsb10687627-1

Abb. 5: Auszug aus der FO Dresden 1558, Universitäts- und Landesbibliothek Sachsen-Anhalt

Abb. 6: Auszug aus der FO Grimma (Sachsen) 1657, Universitäts- und Landesbibliothek Sachsen Anhalt, VD 17 3:634182V

Abb. 7: Auszug aus der FO Breslau 1578, Staatsbibliothek zu Berlin – PK / Abteilung Historische Drucke / Signatur: 4 in: Gu 1400: R

Abb. 8: Auszug aus der FO Erfurt (Thüringen) 1777, BSB Bayerische StaatsBibliothek München, Signatur: 4 Pol.civ. 8 ws#Beibd 3, Bl. 25, urrn:de:bvb:12-bsb10687627-1

Abb. 9: Auszug aus der FO Schneeberg 1604, Universitäts- und Landesbibliothek Sachsen-Anhalt, VD17 3:636759V

Abb. 10: Wasser-Tiene, Pothmann, Elberfeld, 03.10.1842, Stadtarchiv Wuppertal

Abb. 11: Bild aus einer Feuerlöschordnung von 1711, Ölmütz [Böhmen], heute Tschechien, The european library

Abb. 12: Brandspritze, Barmen, 1788, Stadtarchiv Wuppertal

Abb. 13: Kuriosum, Auszug aus der FO Straßburg 1688, Forschungsbibliothek Gotha, Signatur: 09-Hg. 4'09606(22)

Abb. 14: Wendel, Volkmar: Das in großen Feuers-Brünsten offt gerettete Erffurt, Erfurt 1711

Abb. 15: Das hamburgische Feuer-Löschwesen, Aufstellung der Spritzenleute 1728, Hamburger Feuerwehr-Historiker e.V.: Das hamburgische Feuer-Löschwesen, Hamburg 2007

Abb. 16: Kontrollzettel zur Anwesenheit, Auszug aus der FO Grünberg [Schlesien] (Polen) 1776, Federa europeane

Abb. 17: Fahne der Freiwilligen Bürger-Feuerwehr, Barmen, um 1880, Berufsfeuerwehr Wuppertal

Abb. 18: Auszug aus der FO Leipzig, 1649, Sächsische Landesbibliothek – Staats- und Universitätsbibliothek Dresden, SLUB Dresden, Signatur: Hist.Sax.H.399

Abb. 19: Anweisung an die Offiziere, Auszug aus der FO Dresden 1765, Sächsische Landesbibliothek – Staats- und Universitätsbibliothek Dresden, SLUB Dresden, Signatur: Hist.Sax.G.188,72

Abb. 20: „Erste Einrichtung einer Rettungs-Anstalt bey Feuers-Gefahren von einer Privat-Gesellschaft in Elberfeld, 1803", Stadtarchiv Wuppertal

Abb. 21: Vorsichtsmaßnahme beim „Donnerwetter„, Auszug aus der FO Rochlitz (Sachsen) 1796, Sächsische Landesbibliothek – Staats- und Universitätsbibliothek Dresden, SLUB Dresden 34.8.5593

Abb. 22: Brand der Residenz in Stuttgart 1683; Reihenbildung für die Löscheimer, Effenberger, Gustav: Die Welt in Flammen, Hannover, 1913, Privatbesitz Bernd-Dietrich Rassek

Abb. 23: Titelblatt der Errichtung der drei Brandcompagnien vom 15.02.1811, Elberfeld, Stadtarchiv Wuppertal

Abb. 24: Auszug aus dem „Reglement für den in Wolfenbüttel errichtete Feuer-Rettungs-Verein wie solcher durch höchstes Rescript vom 21sten December 1827 genehmigt ist„, Privatbesitz Bernd-Dietrich Rassek

Abb. 25: Feuerwehr im Einsatz, Vogelsang. R.: Der Bürger als Feuerwehrmann, Annaberg 1860

Abb. 26: Auszug aus der FO Buttstädt, 1760, Klassik Stiftung Weimar, Anna Amalia Bibliothek

Abb. 27: Eintheilung und Statuten der Lösch- und Rettungsanstalt zu Heilbronn, 1847, Nachdruck 1997, Privatbesitz Bernd-Dietrich Rassek

Abb. 28: Feuerlöscheimer [Wuppertal-] Beyenburg, ca. 1875, Privatbesitz Rassek + Partner, Wuppertal

Abb. 29: Ulm, Brand des Hallamt-Gebäudes 1853, Effenberger, Gustav: Die Welt in Flammen, Hannover, 1913, Privatbesitz Bernd-Dietrich Rassek

Abb. 30: Skizze der Marschordnung des Pompier-Corps Durlach 1847; Grosmann, Friedrich: Das Feuerlöschwesen im Königreich Württemberg, Berlin 1901

Abb. 31: Scabell, Carl Ludwig: Instuctions-Buch und Exercier-Reglement für die Mannschaften der Feuerwehr von Berlin, Berlin 1854, BSB Bayerische StaatsBibliothek München, Digitale Sammlungen, OPACplus

Abb. 32: Brandspritze Pothmann, Elberfeld, 1843, Stadtarchiv Wuppertal

Abb. 33: Festschrift zur Feier des 50-jährigen Bestehens der FF Durlach 1846 – 1896, Privatbesitz Bernd-Dietrich Rassek

Abb. 34: Gesamttätigkeit der Feuerwehr, Vogelsang, R.: Der Bürger als Feuerwehrmann, Annaberg 1860

Abb. 35: Der neunte rheinisch-westphälische Feuerwehrtag zu Elberfeld, 1870, Originalzeichnung von Otto Fikentscher, Stadtarchiv Wuppertal

Abb. 36: Stiefelappell, Elberfeld 1913, Stadtarchiv Wuppertal

Abb. 37: Krankenwagen für 6 Kranke, Elberfeld 1914, Stadtarchiv Wuppertal

Abb. 38: Polizeiverordnung des Regierungsbezirks Düsseldorf, 1892

Abb. 39: Metz Motor-Drehleiter Typ M. B. 24, 1925, Stadtarchiv Wuppertal

Abb. 40: Exerzierübung mit der Hakenleiter, Elberfeld 1913, Stadtarchiv Wuppertal

Abb. 41: Exerzierübung mit der Hakenleiter, Elberfeld 1913, Stadtarchiv Wuppertal

Abb. 42: FF Barmen, Abteilung 3, um 1903, Stadtarchiv Wuppertal

Abb. 43: Feuerwehr-Fachschule Koblenz, 56. Kursus vom 09.-15. 10.1938, Stadtarchiv Wuppertal

Abb. 44: Uniformen der FF (Wuppertal-) Barmen um 1900, Stadtarchiv Wuppertal

Abb. 45: Szene am Morgen des 4. Novembers 1826, Effenberger, Gustav: Die Welt in Flammen, Hannover, 1913, Privatbesitz Bernd-Dietrich Rassek

Rückseite: Auszug aus Abb. 17 (Fahne der Freiwilligen Bürger-Feuerwehr, Barmen, um 1880, Berufsfeuerwehr Wuppertal)

Anlage 1, Der Begriff „wehren“ in etwa 100 Feuerlöschordnungen[287]

	Feuerswehr	Abwehrung abwehren	[dem Feuer] wehren, gewehrt	zur Wehr	wehrender Feuersbrunst oder Brand	Gegenwehr	Widerstand
1538 Annaberg	x		x	xx		xx	
1540 Marienberg	x		x			x	
1544 Leipzig			x				
1556 Freiberg			x				
1558 Dresden			xxxxx				
1569 Leipzig			x				
1578 Breslau			xxxx				
1585 Leipzig			x				
1589 Sachsen			x				
1602 Breslau			xxx				
1604 Freiberg		x	xxxx				
1604 Schneeberg	x	x	xxxxx			x	
1608 Annaberg			xxxxxxxx			xxxxxx	x
1608 Dresden			xxxx				
1609 Zwickau			xxx				
1616 Freiberg		x	xxxxx				
1618 Coburg			x	xx	x		
1630 Breslau			xxxxxx		x		
1631 Stettin			xx				
1633 Elbing			x				
1637 Hamburg			xx				
1642 Dresden			xxx				
1642 Freiberg		xx	xxxx				
1645 Wittenberg		x	xx				
1649 Leipzig			xx				
1653 Altenburg					x		
1654 Oelß			xxxx				
1657 Grimma	x		xxxx				
1658 Halle		x	x				
1659 Coburg			x				
1662 Dresden			xxx				
1662 Hayn [Großen-]	x						
1663 Delitzsch			xx		x		
1664 Coburg			x				
1664 Dippoldiswalde			x				
1664 Freiberg		x	xxxx				
1666 Kolberg			xx				
1672 Friedrichswerder			x				
1672 Zeitz			x				
1674 Halle		x	x				
1678 Dresden			xxx				
1680 Stade			xx				
1681 Schneeberg		x				x	
1681 Hannover			x				

287 Einzelheiten hierzu siehe im internet unter www.feuerloeschordnungen.de

Anlage 2

Frühe Löscheinrichtungen, Freiwillige Löschanstalten bis Ende 1848 und Rettungsvereine

1360 Köln	**Erste verpflichtete Feuerwehr Deutschlands**	
	Nordrhein-Westfalen,	Neuhoff: Feuer und Flamme 2014
1685 Wien	**Anstellung von 4 „Feuerknechten„**	
	Österreich,	Chronik
1714 St. Petersburg	**Professionelle kasernierte Löschmannschaft**	
	Russland,	wikipedia
1745 Barmen [Wuppertal-]	**Freywilligen Vereinigung, Brandordnung, erste freiwillige Feuerwehr Deutschlands**	
	Nordrhein-Westfalen,	Stadtarchiv Wuppertal
1747 Hamburg	**Ständige Brandwache**	
	Hamburg,	Feuerlöschwesen Hamburg, 2007
1761 Lübeck	**Freiwillige Löschmannschaft**	
	Lübeck,	Dipl.-Ing. J. Meyer: Lübeck
1780 Bautzen	**Freywilligen-Bürger-Compagnie**	
	Sachsen,	Chronik + FO 1781
1788 Hannover	**Plan der Kaufleute zur Rettung ihrer Waren**	
	Niedersachsen,	Sammlung FO 1792
1797 Erfurt	**Rettungs-Gesellschaft**	
	Thüringen,	Sammlung FO + CTIF 2011
1797 Rudolstadt	**Rettungsgesellschaft**	
	Thüringen,	Sammlung FO
1799 Alzey	**Feuer-Compagnie**	
	Rheinland-Pfalz,	Chronik
1799 Gotha	**Rettungs-Institut der Mobilien und Effekten**	
	Thüringen,	Sammlung FO
1800 Nürnberg	**Mobilien-Feuerrettungs-Gesellschaft**	
	Bayern,	Taschenbuch von Nürnberg, 1819
1800 Warschau	**Rettungsgesellschaft**	
	Polen,	Helen Witceka, CTIF 2004
1801 Dortmund	**Rettungsanstalt**	
	Nordrhein-Westfalen	Sammlung FO + Festbuch 2001

1801 Halle	**Rettungs-Anstalt**	
	Sachsen-Anhalt,	Sammlung FO
1801 Köln	**Corps Pompiers und Corps d' ouvriers**	
	Nordrhein-Westfalen,	Neuhoff: Feuer + Flamme, 2014
1802 Elberfeld [Wuppertal-]	**Rettungsanstalt**	
	Nordrhein-Westfalen,	Sammlung FO
1802 Vilnius	**Besoldete kasernierte Löschmannschaft**	
	Russland, heute Litauen,	Helen Witceka, CTIF 2004
1804 Überlingen	**Rettungs-Anstalt**	
	Baden-Württemberg,	Sammlung FO
1805 Ulm	**Rettungs-Compagnie**	
	Baden-Württemberg,	CTIF Tagungsband 2011
1809 St. Tönis [Tönisvorst]	**Rettungsverein für den Flecken**	
	Nordrhein-Westfalen,	Festschrift 180 Jahre [*umstritten*]
1811 Königsberg	**Rettungs-Gesellschaft**	
	Ostpreußen, heute Russland,	Sammlung FO
1811 Bern	**Brandcorps**	
	Schweiz,	Chronik 1811-2011
1811 Saarlouis	**Compagnie de Pompiers**	
	Saarland,	Sammlung FO + Chronik
1812 Memel	**Rettungscorps**	
	Ostpreußen, heute Polen,	125 Jahre Memeler BF
1812 Metz	**Compagnie de Pompiers**	
	Elsass, heute Frankreich,	Archiv für Feuerschutz, 07/1912
1813 Fürstenfeld	**Privatfeuerwehr k.u.k. Tabakfabrik**	
	Österreich,	Bundesfeuerwehrverband at
1814 Halberstadt	**Rettungs-Verein**	
	Sachsen-Anhalt,	Sammlung FO 1852 + Chronik
1817 Elbing	**Rettungs-Verein**	
	Ostpreußen, heute Polen,	Sammlung FO
1818 Danzig	**Verein zur Rettung**	
	Ostpreußen, heute Polen,	Sammlung FO
1818 Kassel	**Rettungsanstalt**	
	Hessen,	Sammlung FO
1820 Braunschweig	**Rettungsverein**	
	Niedersachsen,	Sammlung FO 1829 + 1834
1820 Hamburg	**Corps der Retter**	
	Hamburg,	Sammlung FO
1822 Elbing	**Feuer-Lösch- und Rettungsverein**	
	Ostpreußen, heute Polen,	Sammlung FO

1822	**Magdeburg**	**Mobilien-Rettungs-Verein**	
		Sachsen-Anhalt,	Sammlung FO 1847
1822	**Tilse**	**Rettungs-Gesellschaft**	
		(Preußen), Exklave von Rußland	Sammlung FO
1822	**Wallerfangen**	**Feuerlösch-Kompagnie**	
		Saarland,	Chronik
1823	**Göttingen**	**Rettungsverein**	
		Niedersachsen,	Sammlung FO 1825
1823	**Hildesheim**	**Rettungs-Verein**	
		Niedersachsen,	Sammlung FO
1824	**Eppingen**	**Rettungs-Verein**	
		Baden-Württemberg,	Buch: Hilfe-Feuer, 150 Jahre FF
1825	**Hallein**	**Privatfeuerwehr Brauerei Kaltenhausen**	
		Österreich,	Bundesfeuerwehrverband at
1826	**Braunschweig**	**Löschverein**	
		Niedersachsen,	Chronik
1826	**Gifhorn**	**Rettungs-Verein**	
		Niedersachsen,	Sammlung FO
1826	**Göppingen**	**Rettungs-Compagnie**	
		Baden-Württemberg,	CTIF Tagungsband 2011
1826	**Reutlingen**	**Rettungs-Compagnie**	
		Baden-Württemberg,	Sammlung FO
1827	**Krefeld**	**Freiwilliges Brandcorps**	
		Nordrhein-Westfalen,	Festschrift BF 1990
1827	**Münster**	**Rettungs-Gesellschaft**	
		Nordrhein-Westfalen.	Sammlung FO
1827	**Wolfenbüttel**	**Rettungs-Verein**	
		Niedersachsen,	Sammlung FO
1829	**Arnstadt**	**Rettungs-Verein**	
		Thüringen,	Chronik
1829	**Krefeld**	**Rettungs-Verein**	
		Nordrhein-Westfalen	Sammlung FO
1830	**Aschersleben**	**Rettungs-Verein**	
		Sachsen-Anhalt,	Sammlung FO
1830	**Erlangen**	**Verein zur Rettung von Personen + bew. Habe**	
		Bayern,	Chronik
1830	**Saargemünd**	**Privatfeuerwehr Porzellanfabrik**	
		Elsass, heute Frankreich,	Chronik
1830	**Schwaz**	**Privatfeuerwehr k.u.k. Tabakfabrik**	
		Österreich	Bundesfeuerwehrverband at

1830 Stralsund **Rettungs-Corps**
Mecklenburg-Vorpommern, Sammlung FO

1831 Schwäbisch Gmünd **Rettungsgesellschaft**
Baden-Württemberg, Chronik

1832 Saarburg **Freiwilliger Löschverein**
Rheinland-Pfalz, Chronik

1833 Einbeck **Rettungs-Verein**
Niedersachsen. Sammlung FO

1833 Nordhausen **Bürger-Rettungs-Verein**
Thüringen, Sammlung FO 1837

1834 Warschau **Besoldete und kasernierte Löschmannschaft**
Russland, heute Polen, Helen Witceka, CTIF 2004

1835 Friedrichstadt [Dresden-] **Feuerlösch- und Rettungsverein**
Sachsen, IG Feuerwehrhistorik Dresden

1835 Mühlhausen **Rettungs-Gesellschaft**
Thüringen, Sammlung FO

1835 Neuenhaus [Kierspe-] **Löschgruppe**
Nordrhein-Westfalen, Chronik

1835 Posen **Rettungsverein**
Preußen, heute Polen, Archiv sukajwarchiwach.pl

1835 Redwitz [Markt] **Rettungsverein**
Bayern, Chronik + Schreiben Stadtarchiv

1836 Aachen **Brandcorps**
Nordrhein-Westfalen, Sammlung FO

1836 Bayreuth **Rettungs-Gesellschaft**
Bayern, Chronik

1836 Burg [Solingen-] **Feuerlöschkompagnien**
Nordrhein-Westfalen, Festschrift 1986

1836 Goslar **Rettungs-Verein**
Niedersachsen, Sammlung FO

1836 Königslutter a.d. Elm **Lösch- und Rettungsverein**
Niedersachsen, Sammlung FO

1836 Sinzig **Schützengesellschaft zur Rettung**
Rheinland-Pfalz, St. Hubertus Schützenges.

1836 Wismar **Rettungscorps**
Mecklenburg-Vorpommern, Chronik

1837 Celle **Rettungsgesellschaft**
Niedersachsen, Sammlung FO

1837 Gera **Rettungsverein**
Thüringen, Sammlung FO

1837 Hülzweiler [Schwalbach-] Pompier-Corps
Saarland, Festschrift 1977

1837 Schwäbisch Hall Feuerer
Baden-Württemberg, Chronik

1839 Weimar Rettungsverein
Thüringen, Sammlung FO

1841 Meißen Feuerlösch- und Rettungscorps
Sachsen, Chronik

1843 Dortmund Feuer-Rettungs-Gesellschaft
Nordrhein-Westfalen, Festbuch 1901-2001

1843 Hanau Freiwilliges Löschcorps
Hessen, Chronik FF Hanau-Mitte

1844 Breslau Rettungs-Verein
(Schlesien), Polen, Breslau 50 Jahre BF 1909

1844 Düsseldorf Löschcorps
Nordrhein-Westfalen, Jüchen, Geschichte R + W

1844 Karlsruhe Privatfeuerwehr Metz
Baden-Württemberg, Buch: Feuer schwarz, S. 67

1844 Lemgo Rettungsgesellschaft
Nordrhein-Westfalen, Sammlung FO

1844 Posen Freiwilliges Löschcorps
Preußen, heute Polen, Chronik

1845 Holzminden Rettungsverein
Niedersachsen, Chronik + Schreiben Stadtarchiv

1845 Offenbach Freiwilliges Löschcorps
Hessen, Chronik

1845 Wetzlar Rettungs-Mannschaft
Hessen, Sammlung FO

1846 Elberfeld II [Wuppertal-] Rettungsverein
Nordrhein-Westfalen, Sammlung FO

1846 Durlach [Karlsruhe-] Pompier-Corps
Baden-Württemberg, Chronik

1846 Heidelberg Steiger- und Löschmannschaft
Baden-Württemberg, Chronik

1846 Heilbronn Hilfsmannschaft bei Feuersgefahr
Baden-Württemberg, Chronik

1846 Isny Pompier-Corps
Baden-Württemberg, Chronik

1846 Karlsruhe Privatfeuerwehr Maschinenfabrik
Baden-Württemberg, Chronik

1846	**Leipzig**	**Turnerfeuerwehr**	
		Sachsen,	Chronik Leipzig-Süd
1846	**Rastatt**	**Pompier-Corps**	
		Baden-Württemberg,	Chronik
1846	**Trier**	**Feuerlöschgesellschaft**	
		Rheinland-Pfalz,	Chronik
1847	**Osterrode**	**Rettungsverein**	
		Niedersachsen,	Sammlung FO
1847	**Baden-Baden**	**Pompier-Corps**	
		Baden-Württemberg,	Chronik
1847	**Eppingen**	**Pompier-Corps**	
		Baden-Württemberg,	Chronik
1847	**Ettlingen**	**Pompier-Corps**	
		Baden-Württemberg,	Chronik
1847	**Großenhain**	**Lösch- und Rettungsabteilung**	
		Sachsen,	Chronik
1847	**Heide**	**Brandcorps**	
		Schleswig-Holstein,	Sammlung FO
1847	**Karlsruhe**	**Lösch- und Rettungsanstalt**	
		Baden-Württemberg,	Chronik
1847	**Ravensburg**	**Pompier-Corps**	
		Baden-Württemberg,	Chronik
1847	**Reutlingen**	**Löschverein**	
		Baden-Württemberg,	Chronik
1847	**Schwäbisch Hall**	**Pompier-Corps**	
		Baden-Württemberg,	Chronik
1847	**St. Florian**	**Freiwilliger Löschverein**	
		Österreich,	Chronik
1847	**Tübingen**	**Pompier-Corps**	
		Baden-Wüttemberg,	Chronik
1847	**Ulm**	**Pompier-Corps**	
		Baden-Württemberg,	Chronik
1848	**Augsburg**	**Rettungs-Verein**	
		Bayern,	Sammlung FO
1848	**Görlitz**	**Turn- und Rettungsverein**	
		Sachsen,	Sammlung FO
1848	**Uelzen**	**Rettungsverein**	
		Niedersachsen,	Chronik, siehe Celler Zeitung
1848	**Blaubeuren**	**Lösch- und Rettungsanstalt**	
		Baden-Württemberg,	Chronik

1848 Mühlburg [Karlsruhe-]	Feuerwehr	
	Baden-Württemberg,	Mühlburger Chronik
1848 Öhringen	Pompier-Corps	
	Baden-Württemberg,	Chronik
1848 Speyer	Löschverein	
	Rheinland-Pfalz,	Chronik
1848 Winnenden	Pompier-Corps	
	Baden-Württemberg,	Chronik

Weitere Rettungsvereine

1851 Amberg	**Rettungs-Verein**	
	Bayern,	Sammlung FO + Stadtarchiv
1851 Greußen	**Rettungs-Verein**	
	Thüringen,	Sammlung FO 1858
1851 Marktredwitz	**Rettungsverein**	
	Bayern,	Sammlung FO
1852 Erlangen II	**Rettungsverein**	
	Bayern	Chronik
1852 Großenhain	**Rettungsschar**	
	Sachsen,	Chronik + CTIF 2011
1852 Liegnitz	**Rettungsverein**	
	Schlesien, heute Polen,	Dt. Feuerwehrzeitung 1861, S. 11
1857 Innsbruck	**Rettercorps**	
	Österreich,	Feuerpolizei 1917, S. 199
1858 Meerane	**Rettungsverein**	
	Niedersachsen	Chronik
1859 Barmen [Wuppertal-]	**Rettungs- und Sicherheitsverein**	
	Nordrhein-Westfalen,	Stadtarchiv Wuppertal
1860 Gleiwitz	**Rettungsverein**	
	Schlesien, heute Polen,	Sammlung FO
1860 Oettingen	**Rettungsverein**	
	Bayern,	Sammlung FO
1861 Bremervörde	**Rettungs-Verein**	
	Niedersachsen,	Chronik, Gründungsversuch
1867 Kattowitz	**Rettungsverein**	
	Schlesien, heute Polen,	Schles. Provinzialblätter, 1867
1867 Trachenberg	**Rettungsverein**	
	Schlesien, heute Polen,	Schles. Provinzialblätter, 1867

1874	**Breitenbrunn**	**Rettungs-Verein**	
		Bayern,	Mittelbay. Zeitung 26.07.2014
1884	**Weißensee**	**Rettungsverein**	
		Thüringen,	Sammlung FO
1886	**Landshut**	**Rettungsverein**	
		Bayern,	Chronik

Der Autor

Bernd-Dietrich Rassek, Dipl.-Ing. Architekt, öffentlich bestellter & vereidigter Sachverständiger für den vorbeugenden Brandschutz

Bernd-Dietrich Rassek arbeitete nach Abschluss des Architekturstudiums mehrere Jahre als Architekt und Bauleiter. Von 1975–1995 war er als Beamter im vorbeugenden und abwehrenden Brandschutz bei der Berufsfeuerwehr Wuppertal – zuletzt im Rang eines Brandamtmanns – tätig. Mit der Anerkennung als „staatlich anerkannter Sachverständiger für die Prüfung des Brandschutzes" in Nordrhein-Westfalen Anfang 1996 verließ er die Berufsfeuerwehr und machte sich mit einem Brandschutzbüro selbstständig.

1999 erhielt er in Bayern die Anerkennung als „verantwortlicher Sachverständiger für den vorbeugenden Brandschutz" (seit 2008 „Prüfsachverständiger für Brandschutz"), im Jahr 2004 wurde er als „öffentlich bestellter und vereidigter Sachverständiger für den vorbeugenden Brandschutz" von der Industrie- und Handelskammer vereidigt.

Seit dem Erreichen der Altersgrenze im März 2011 steht er weiterhin dem Büro (nunmehr geführt in 2. Generation) mit seinem Sachverstand zur Verfügung.

Bernd-Dietrich Rassek beschäftigt sich seit vielen Jahren intensiv mit der Historie der Feuerwehr. Mit seinen detaillierten und ausführlichen Erforschungen des Brandschutzes hat er sich ein hohes Ansehen erworben. Er gilt als Experte über die Entstehung der Wuppertaler Feuerwehr.

Außerdem sammelt Bernd-Dietrich Rassek historische Feuerlöschordnungen von deutschsprachigen Fürstentümern, Ländern, Städten usw., um deren Maßnahmen zu Brandbekämpfung zu erforschen und zu dokumentieren (*www.feuerloeschordnungen.de*).